빠르고 쉽게
손금을 배우자!

백운학의 **스피드**

손금
도감

著者 백운학

'사람은 누구나 자신의
인생의 비밀을 양손에
쥐고 살고 있다'

지식서관

KB194414

●머 리 말●

　3천 년 이상의 오랜 역사를 가지고 있는 수상手相은 원래 고대 인도에서 시작되었다고 하는데, 동양에서뿐만 아니라 오래 전부터 수상술에 관한 책 등으로 보아 서양에서도 수상술의 역사를 볼 수 있다고 합니다.

　수상술은 막연히 오락이나 흥미 위주가 아닌 과학이며, 우리 동양에서만 관심을 가지고 보는 것이 아니라 서양에서는 학문으로 보고, 많은 연구를 하여 동양보다는 오히려 널리 보급하여 더욱 발전된 것 같습니다. 19세기 이후부터는 유럽뿐만 아니라 전 세계로 수상술이 보급되었다고 합니다.

　어쨌든 손은 인간이 공부나 일을 할 때나 물건을 만들 때 등 여러 가지 일에 손을 사용합니다. 그리고 무엇인가를 확인하고 싶을 때는 먼저 손으로 만져 보며, 무엇을 찾을 때도 손으로 더듬습니다. 그것은 손이 가까운 장래에 그 사람에게 일어나는 일을 알고 있는 것은 아닐까요?

　그렇습니다, 손은 인생의 비밀을 쥐고 있으며, 개개인의 운명이나 운세를 암시하는 손금을 가지고 있습니다.

　이 책은 수상에 관심이 있는 사람들에게 빠르고 쉽게 수상술에 접근할 수 있도록 만들었습니다. 늘 가지고 다니면서 공부하고 연구하여 수상술의 대가가 되기를 바랍니다.

著者 백운학

■차 례

손금의 기초를 알자 9

손의 모양으로 보는법 147

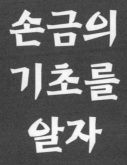

손금의
기초를
알자

손과 수상

손은 인생의 비밀을 쥐고 있다

인간은 공부나 일을 할 때나 물건을 만들 때 등 여러 가지 일에 손을 사용한다. 손은 머리의 기능과 직접 연관되어 있어서, 인간이 하고 싶다는 것을 지체없이 해 주는 일꾼이다.

그리고, 무엇인가를 확인하고 싶을 때는 먼저 손으로 만져 보며, 무엇을 찾을 때도 손으로 더듬는다.

그것은 손이 가까운 장래에 그 사람에게 일어나는 일을 알고 있는 것은 아닐까?

즉, 손은 인생의 비밀을 쥐고 있다고 하며, 개개인의 운명이나 운세를 암시하는 수상이라는 것을 가지고 있다.

수상은 손바닥으로 본다

인간의 운명이나 운세, 그리고 가까운 장래에 일어날 일을 암시하고 있는 수상은 손목에서 손가락끝까지의 손의 양면(손바닥과 손등) 모두에 나타나지만, 일반적으로 손바닥만 본다.

손바닥의 모양·상태·손금, 그리고 때에 따라 나타나는 색깔 따위를 종합적으로 판단하여, 그 사람의 성격이나 운세를 점치는 것이다.

손바닥의 범위

　손바닥에는 지문과 손가락 관절의 금, 손가락의 모양 따위도 있지만, 보통 손바닥이라고 하면 손목에서 손가락이 붙은 부분까지의 범위를 말한다. 수상도 이 부분이 중심이 된다.

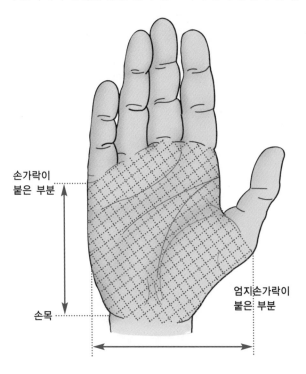

손가락이
붙은 부분

엄지손가락이
붙은 부분

손목

손의 모양

겉모양도 참고로 하자

손 모양에도 여러 가지가 있는데, 가늘고 긴 손, 둥근 손, 손가락끝이 가는 손, 손가락끝이 납작한 손 등 갖가지 모양이 있다.

흔히 길고 가느다란 손을 가진 사람은 신경질이라든가, 손가락끝이 평평한 사람은 재주가 있다는 말을 하는데, 이것을 통계적으로 정리한 패턴의 하나로, 참고할 수 있다.

균형이 중요하다

토실토실하고 복스럽고 윤기가 나는 손이 좋은 손이지만, 얄팍한 손은 얄팍한 대로 손바닥 한가운데를 에워싸는 언덕 부분이 탄력이 있고 토실토실하면 좋다. 즉, 나름대로 균형이 잘 잡힌 손이 좋은 손이다. 마찬가지로 손이 몸 전체와 균형이 잡혀 있는 것도 중요하다.

상처는 흉

손가락이 삐뚤어지거나 전체적으로 아주 얄팍하여 메마른 손, 그리고 상처가 있는 손은 좋지 않다.

그렇기는 하지만 그와 같은 결점은 딴 데서 보완되는 경우가 많으므로 비관할 것은 없지만, 상처는 조심만 하면 생기지 않을 수 있으니까, 평소에 조심하도록 하자.

좋은 손 모양

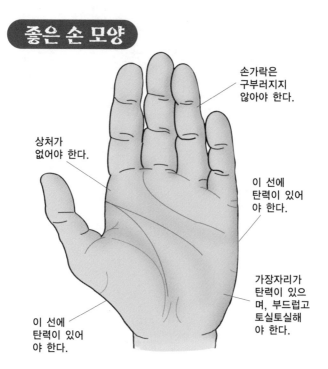

손가락은
구부러지지
않아야 한다.

상처가
없어야 한다.

이 선에
탄력이 있어
야 한다.

가장자리가
탄력이 있으
며, 부드럽고
토실토실해
야 한다.

이 선에
탄력이 있어
야 한다.

손의 색깔

손의 색깔은 건강색이 최고인데, 붉은색 · 검은색은 주의 신호, 노란색은 금전운이 좋다는 표시이다.

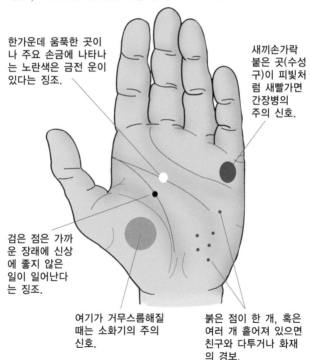

한가운데 움푹한 곳이나 주요 손금에 나타나는 노란색은 금전 운이 있다는 징조.

새끼손가락 붙은 곳(수성구)이 피빛처럼 새빨가면 간장병의 주의 신호.

검은 점은 가까운 장래에 신상에 좋지 않은 일이 일어난다는 징조.

여기가 거무스름해질 때는 소화기의 주의 신호.

붉은 점이 한 개, 혹은 여러 개 흩어져 있으면 친구와 다투거나 화재의 경보.

손 부분의 명칭과 뜻

9개의 언덕

손바닥은 중앙의 분지를 완만한 언덕이 에워싸고 있는 듯한 모양을 하고 있다. 이 분지와 언덕은 하나의 분지(화성평원), 아홉 개의 언덕 부분으로 나누어져 있고, 각각 그림과 같은 명칭이 붙어 있다.

점치는 데 필요한 것은 이 가운데의 9개 언덕이므로, 언덕의 명칭과 위치를 확실하게 익혀 두자.

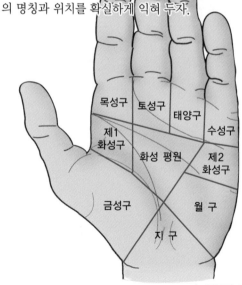

언덕이 나타내는 뜻

9개의 언덕에는 각각 나타내는 뜻이 있으므로, 점치는 내용에 따라 그것에 적합한 뜻을 지닌 언덕을 보아야 한다.

판단 기준은 아래 표와 같다.

건강색이고 탄력이 있는 언덕

살에 탄력이 있고 핑크빛의 건강색을 띠고 있으면, 그 언덕이 지닌 뜻을 좋은 쪽으로 해석한다.

건강하지 못한 빛깔이고 얄팍한 언덕

반대로 얄팍하고 건강하지 못한 빛깔을 띠고 있으면, 그 언덕이 지닌 뜻을 나쁜 쪽으로 해석한다.

언덕(구)	나타내는 뜻	점치는 내용
금 성 구	그 사람의 성격과 운세	애정과 동정심
지 구	육체적인 활력과 행동력	체력 · 건강 · 행동력
월 구	정신적인 활력과 성질 · 기질	공상 · 상상력 · 변덕
제1화성구 제2화성구	사물의 성취 능력이나 성격	의지 · 향상심 · 인내력
목 성 구	사회적인 성공에 관한 사항	지배력 · 명예심 · 인기
토 성 구	지위나 명예 등, 자기 영달에 관한 사항	이기심 · 사고력
태 양 구	명성이나 금전운 등, 행복에 관한 사항	성공 · 행복 · 감수성
수 성 구	인간 관계나 돈벌이에 관한 사항	상술 · 사교성 · 지혜

손금의 명칭과 뜻

3대 선

손바닥에는 지문 비슷한 무수한 가는 선과, 굵고 뚜렷한 몇 개의 금이 있다.

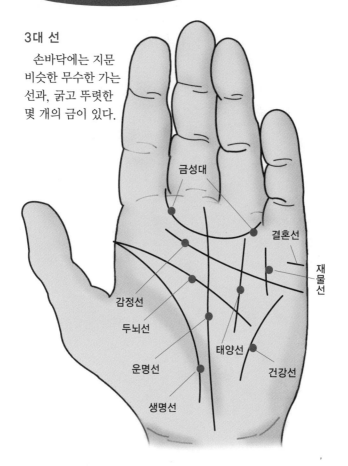

금성대

결혼선

재물선

감정선

두뇌선

태양선

운명선

건강선

생명선

이 금(손금)에는 3대선이라 하여 기본이 되는 3개의 금인 생명선·두뇌선·감정선을 비롯하여 여러 가지 손금이 있는데, 그림에 나오는 10개의 손금을 알아 두면 대개의 것은 점칠 수 있다. 그림으로 명칭을 익히자.

천天 · 지地 · 인人

손금에는 사람에 따라 있는 사람도 있고 없는 사람도 있지만, 3대 선만은 누구에게나 있는데, 이 생명선·두뇌선·감정선을 천·지·인 또는 천문天紋·지문地紋·인문人紋이라고도 한다.

손금의 명칭	점치는 내용	손금이 나타내는 뜻
생 명 선	그사람의 건강 상태와 생활력	생활의 활력과 생활 환경
두 뇌 선	그 사람의 성격과 어울리는 직업	성격과 직업의 적성
감 정 선	그 사람의 성질이나 감수성	센스나 감정과 성질
운 명 선	사회적인 성공에 관한 사항	사회 생활의 활력
태 양 선	운명선의 운세를 보완한다.	운세와 운세의 변화
건 강 선	그 사람의 건강 상태와 질병, 인기도를 나타낸다.	타인에 대한 활력과 건강
금 성 대	감수성과 예민한 성질	이성에 대한 관심과 신경 과민
재 물 선	돈벌이나 재산 운	금전 운
결 혼 선	이성 친구, 연애, 결혼	이성 운
자 녀 선	자녀의 운과 수, 자녀의 건강	자녀 운

성격 · 운세를 점치는 3대 선

기본이 되는 이 3개의 손금은 타고난 성격이나 운세를 점칠 때 본다. 그 밖의 손금도 각각 다음 표와 같은 뜻을 지니고 있으므로, 점치는 내용에 따라 어느 손금을 보면 좋을지를 결정해야 한다.

점치는 방법

점을 치는 데는 그것이 좋은 손금인지 나쁜 손금인지를 세심하게 보고 판단하지 않으면 안 된다.

좋은 손금은 그 손금이 지니고 있는 뜻을 좋은 쪽으로 향하게 하고, 나쁜 손금은 나쁜 쪽으로 향하게 한다.

수상은 어느 쪽 손을 보는가?

수상은 남녀 관계없이 30살 전에는 왼손, 그 이후에는 오른손으로 본다. 따라서, 왼손은 선천적인 운세를 보고 오른손은 후천적인 운세를 본다. 그러면 왼손의 손금은 좋은데 오른손이 나쁜 것은 무슨 이유일까? 원래 운세를 잘 타고 났으나 게을러서 수양을 쌓지 않은 경우이다. 지금이라도 늦지 않으니까 정진하도록!(오른손잡이의 경우, 왼손잡이는 그 반대)

수상은 70% 이상은 맞는다

좋은 운세의 상을 가진 사람과 나쁜 운세의 상을 가진 사람 모두가 수상에 나타난 운세를 맹신하여 경거망동하여 나태해지거나, 또는 실망을 하여 삶을 포기하는 등의 행동은 삼가야 한다. 노력을 하면 손금은 변하기 때문이다.

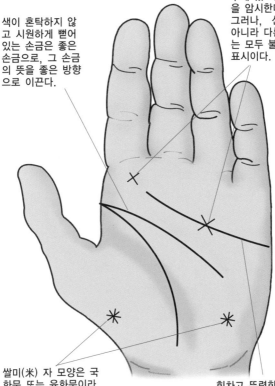

좋은 손금

X자 모양은 십자 문이라 하며, 목성 구에 있으면 행운 을 암시한다. 그러나, 선뿐만 아니라 다른 곳에 는 모두 불길한 표시이다.

색이 혼탁하지 않 고 시원하게 뻗어 있는 손금은 좋은 손금으로, 그 손금 의 뜻을 좋은 방향 으로 이끈다.

쌀미(米) 자 모양은 국 화문 또는 육화문이라 고 하는데, 행운을 나타 내는 표시이다.

힘차고 뚜렷한 것은 좋은 손금인데, 그 손 금의 뜻으로 좋은 일 이 있다.

나쁜 손금

도중에서 뚝 끊어진 손금이나 토막토막이 나 있는 손금은 나쁜 손금으로, 그 손금의 뜻을 나쁜 쪽으로 기울게 한다.

손금을 절단하는 짧은 금은 잘려진 손금의 뜻으로, 나쁜 일이 일어날 징조.

서로 엉켜 있는 듯한 사슬 모양의 손금도 그 손금의 뜻으로 나쁜 일이 일어날 징조.

엷고 희미한 손금은 나쁜 손금으로, 그 손금의 뜻을 약화시킨다.

손금이 도중에서 눈처럼 생긴 공간은, 숨이 막힐 듯 답답한 상태나 병 따위를 나타내는 나쁜 징조.

수상은 변한다

3대선이 없어져 버리는 일은 없지만, 길어지거나 엷어지거나 가지선이 나타났다 사라졌다 한다.

그러므로 나쁜 손금이 나타나서 좋지 않은 암시를 받았을 때도 조심해서 불행을 잘 피하면, 머지않아 변화해서 운이 좋아질 것이므로, 당황하지 말고 잘 대응해 나가도록 노력하자.

나이 판단하는 방법

운세가 언제쯤 변할 것인가를 볼 때는 다음 그림처럼 가운뎃손가락의 첫 관절에서 손목까지의 선과, 엄지손가락의 첫 관절에서 손목에 평행되게 그은 선이 마주친 점을 50살로 본다.

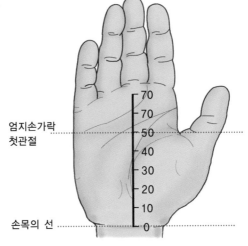

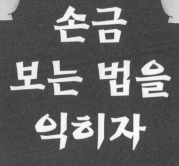

손금
보는 법을
익히자

생명선 보는 법

생명력과 환경

생명선은 아주 중요한 선으로, 생활의
에너지와 생활 환경을 나타낸다. 즉,
건강 상태와 생활력을 나타낸다.

수명에는 관계 없다

흔히 생명선이 짧은 것은 일찍 죽
을 징조라고 하는데, 생명선은 수명
의 길이를 나타내는 것이 아니라, 생활
력의 강약을 나타내는 것이므로 혼동하
지 말도록 하자.

절단선은 사고의 징조

생명선을 짧은 손금이 가로지르고 있는 경우는, 병에 걸리
거나 부주의로 다치거나 하는 불의의 사고가 일어날 징조이
다. 조심하도록 힘써야 한다.

양손을 보아야 한다

생명선으로 질병이나 죽음과 관련된 것을 판단할 때는 양

손 모두를 관찰하여 판단한다. 생명선에 끊어진 부분이 확실할 때, 한쪽만 끊어졌다면 그렇게 심각하지 않지만 양쪽 다 분명하게 끊어졌다면 죽음의 시기를 확실하게 알 수 있다.

길게 뻗은 생명선

길게 뻗은 손금이 탄력 있는 곡선을 그리고 있는 것은, 건강 상태가 좋고 생활력이 풍부하다는 것을 나타내고 있다.

그러므로, 건강하고 안정된 생활을 영위할 수 있을 것이다.

짧은 생명선

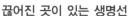

손목 훨씬 위에서 끊어져 있는 생명선은, 생활력이 약하고 생활이 불안정해진다는 것을 나타낸다.

전학이나 이사 따위로 생활 환경이 바뀌거나, 고질병에 걸리기 쉽다는 것을 암시하고 있다.

끊어진 곳이 있는 생명선

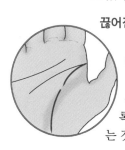

생활에 돌연 변화가 일어난다는 것을 나타낸다.

급병으로 생활 페이스가 흐트러지는 경우가 있다. 끊어진 곳이 많을수록 급병에 걸리기 쉽다는 것을 암시하는 것이므로 많은 조심을 해야 한다.

그러나, 가는 생명선이 끊어져 있는 것은 태어날 때부터 병약한 것을 의미한다.

사슬 모양의 생명선

사슬 모양의 손금은 복잡과 혼란을 뜻하므로, 무엇인가의 원인(주로 건강상)으로 생활이 복잡해짐을 암시한다. 병에 자주 걸리거나 피로가 겹쳐서 건강을 해치는 경우가 많다는 암시이다.

갈라진 생명선

손금이 갈라져 있는 것은 분산을 뜻하므로, 체력을 소모하여 생활 에너지가 감퇴되는 것을 암시한다.

학교 생활에 활기가 없어지고, 성적이 나빠지거나 차츰 생활이 어려워지거나 한다.

手相의 실제
(생명선)

나쁜 생명선을 가졌더라도 손이 단단하고 건강하다면 그다지 걱정할 필요는 없다. 생명선은 건강을 보기 때문에 꾸준한 운동으로 건강을 다진다면 생명선도 변하게 된다.

건강 상태가 좋고 생활력이 풍부하다는 것을 나타내고 있다. 건강하고 안정된 생활을 영위할 수 있을 것이다.

길게 뻗은 생명선

생활력이 약하고 생활이 불안정해짐을 암시. 전학이나 이사 따위로 생활 환경이 바뀌거나, 고질병에 걸리기 쉽다.

짧은 생명선

생활의 변화를 나타낸다. 끊어진 곳이 많을수록 급병에 걸리기 쉽다는 것을 암시하므로 많은 조심을 해야 한다.

끊어진 곳이 있는 생명선

주로 건강상의 원인으로 생활이 복잡해지고 혼란을 암시. 병에 잘 걸리거나 피로가 겹쳐서 건강을 해치게 된다.

사슬 모양의 생명선

체력을 소모하여 생활 에너지가 감퇴된다. 성적이 나빠지거나 활기가 없고 생활이 어려워지거나 하는 것을 암시.

갈라진 생명선

활처럼 구부러진 생명선은 건강이 넘치며 외향적 성격이 많고, 장수의 상.

밋밋한 생명선은 내향적 성격이 많고 건강하지 못하다. 당연히 정력도 약할 상.

듬성듬성하게 양쪽에
가지가 나 있는 힘찬 생명선은
활력이 넘치는 건강한
사람임을 나타낸다.

생명선의 끝에 그림처럼
잔금이 많이 나타나면
체력이 약해지는 것을
암시하는 상.

생명선이 엉성하게 꼬인
듯이 되어 있으면, 허약한
체질로 평생을 고생하며
살게 된다는 상.

생명선이 그림처럼 끊어져
있으나 가지선으로 이어져
있으면 병이 들어도 곧
치유되는 것을 나타낸다.

생명선의 끝이 둘로 갈라지
면 일생이 그다지 만족하지
못할 상. 행운을 잃게 되는
것으로 판단한다.

끊어진 생명선이 금성구
쪽으로 구부러면, 몹시
나쁘다. 일찍 사망함을
암시한다. 몸조심할 것.

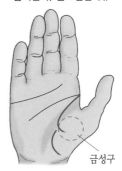

금성구

생명선이 점선처럼 끊어
져 있으면 중병으로 자주
병원에 입원하는 상.
꾸준히 운동하면 바뀐다.

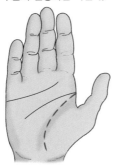

이중으로 겹쳐 있으면
중병은 아니지만 겹쳐진
길이가 길수록 오랫동안
병원 신세를 진다.

이와 같은 선은 신경과민, 또는 소심한 성격으로, 허영심에 들뜨거나 자만심에 차 있어 난폭할 상.

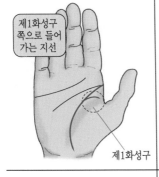

제1화성구 쪽으로 들어가는 지선

제1화성구

월구 쪽으로 끝이 뻗어 있는 여자는 불임일 가능성이 많다. 건강에 주의하면 괜찮다.

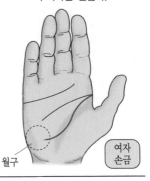

월구

여자 손금

생명선이 엄지손가락 가까이 있으면 허약체질. 운동신경이 나쁘고, 친구들에게 잘 얻어맞는다. 여자는 불임의 상.

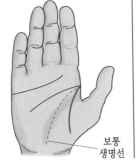

보통 생명선

생명선의 시작이 엄지손가락 바로 아래에서 시작하면, 반항적인 성격의 소유자이며, 공부에는 관심이 없다.

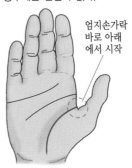

엄지손가락 바로 아래에서 시작

생명선에 가지가 많이
있으면 어릴 때부터 건강하
지 못하고 정력도 약할 상.
운동을 생활화하도록.

생명선이 손끝으로 향하는
지선은, 매우 정력적으로
삶을 사는 사람의 상이다.

중년 이후에 생활력이나 정력이
약해지므로 주의해야 한다. 평
소의 운동으로 체력을 다지지
않으면 단명할 암시의 상.

명예와 권력·재물 등을
차지하게 되는 길운의 상.
야망으로 의욕이
넘쳐흐른다.

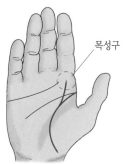

목성구

생명선의 시작점 가지선이
손 가장자리로 뻗으면 나이
차이가 많은 연상과 사랑에
빠져 재혼할 암시이다.

힘있고 뚜렷한 지선이 화성
평원으로 뻗어 있으면 중년
이후에 성공하는 상.

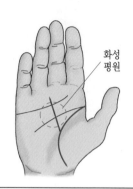

화성
평원

생명선의 지선이
수성구에 닿으면 실업이나
이공계통에서 성공할 상.

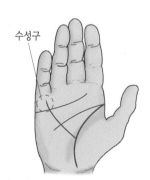

수성구

생명선의 지선이
태양구에 닿으면
금전운이나 사업에
성공할 상.

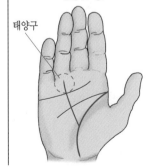

태양구

생명선의 지선이
두뇌선에서 멈추면 잘못된
판단으로 손해를 보거나
실패할 상.

생명선의 지선이 감정선에서
멈추면 사랑하는 사람과 헤어
지거나 심하게 다투는 상.
가는 선이 넘어가면 괜찮다.

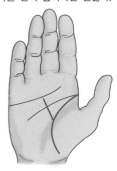

생명선이 집게손가락
가까이에서 시작되면,
용기나 결단력이 강한
사람의 상.

집게손가락
가까이에서
시작

금성구 아랫부분에서
시작하는 운명선은 짧은
생명선을 보강하게 되므로
건강할 상.

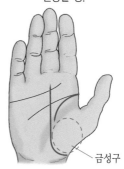

금성구

생명선이 뚜렷한 운명선과
붙어 있거나 가로지르면,
어릴 때부터 계속하여
행운이 뒤따르는 상.

생명선과 운명선 사이에
제2의 뚜렷한 운명선이
있으면 결혼 후에 성공할 상.
빨리 결혼하는 게 좋다.

시작 부분에 있는 그물 모양의
생명선은 어릴 때 허약한 것
나타낸다. 그물선이 길수록
오랫동안 앓았다는 상.

그림 같은 그물눈
모양의 생명선은, 청년기의
허약함을 나타내고
있다.

생명선의 끝부분에 나타나는
그물눈 모양은 중년 이후의
건강 장애를 나타낸다. 꾸준히
운동하자.

그림 같은 생명선은, 만성
질환이나 현재 어떤 병에 걸려
있음을 암시하고 있다.
완치되면 없어진다.

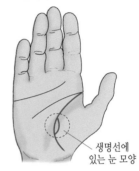

생명선에
있는 눈 모양

생명선 위에 문양이 생기면
불의의 재난이나 병으로 목숨이
위험함을 암시. 그 시기는
위치에 따라 다르다.

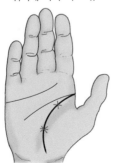

생명선 끝쪽에 난 문양에서
나온 가지의 모양은 익사나
비뇨기 계통이 수난을 당할
것을 암시한다.

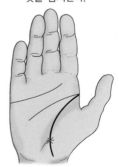

생명선에 붙어 태양구로 향하
는 손금은 칠전팔기의 주인공
의 상. 또한 직장인이라면
승진할 암시.

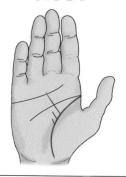

생명선 끝 가까운 곳에
금성구 쪽으로 난 X 무늬는
부상을 당할 것을 암시하는 상.
운전 등, 경거망동하지 말 것.

생명선 위에 붉은 점이
생기면 열병을, 검은 점은 돌발
적인 사고를 암시한다고 한다.
교통 사고 등에 조심할 것.

생명선을 가로지르는
모양은 근심·걱정 아니면
건강에 이상이 생기는 것을
암시한다. 운동하도록.

금성구 부분에 잔주름이
많으면 고생을 많이 하게 될
상. 자신을 한번 뒤돌아보고
지혜를 살려서 살아가자.

생명선의 끝이 그림처럼
향하면, 여행을 좋아하고,
직장이나 집을 자주 옮긴다.
여자는 불임의 상.

금성구로 향한 지선은
내장의 만성 질환을
암시하므로 병원에 가서
진찰을 가끔 받아 보도록.

금성구

생명선과 붙어서 금성구
쪽으로 향한 지선은 내장의 병
을 주의해야 하며, 무리하게 일
하면 큰 병에 걸릴 암시의 상.

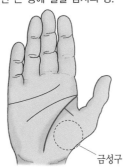

금성구

두뇌선 보는 법

약손가락보다 내려가
면 긴 두뇌선이다.

성격과 직업의 적성을 나타낸다

두뇌선은 그 사람의 성격과 그 사람
에게 어울리는 직업을 나타내는 손금
으로, 흔히 말하는 '머리가 좋다 나
쁘다.'를 보는 손금은 아니다. 하지
만 두뇌선이 빈약하면 다른 선이 아
무리 좋아도 그 힘이 사라지고 만다.

기본이 되는 손금

두뇌선은 생명선과 함께 가장 기본적인
손금이므로, 먼저 이 두 손금으로 판단되는 것이 비결이다.

짧은 두뇌선의 손금

손바닥의 한가운데쯤에서 끊어진 두뇌선
은 신경이 섬세하고 고지식한 성격임을 나
타내므로, 경리나 설계 같은 직업이 어울
린다. 적성에 맞는 직업은 건축가나 경리
업무 등이다.

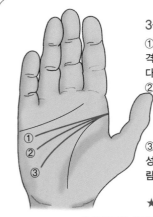

3종류의 모양

① 직선적인 손금…현실적인 성격으로. 결단력과 의지가 강하다. 회사원으로 성공할 상.

② 완만한 곡선의 손금…일반적인 상식을 가진 사람으로 상식밖의 일을 싫어한다. 상업으로 성공할 상.

③ 밑으로 쳐진 손금…공상적인 성격으로 지적 활동이 뛰어난 사람. 맛이나 멋에 예민할 상.

★ 적성에 맞는 직업

①세일즈맨 따위 ②의사, 과학자 등 ③예술가

생명선에서 갈라져 나온 두뇌선

집게손가락과 가운뎃손가락 사이의 아래쪽에서 생명선과 갈라진 두뇌선은 차분하고 견실한 성격을 나타내므로, 한 가지 일을 꾸준히 하는 연구가 · 기술가 등 ,기술 관계의 일이 적성에 맞는다.

사슬 모양의 두뇌선

사슬 모양의 손금은 복잡과 혼란을

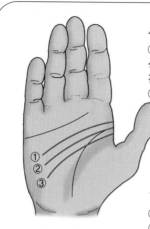

시작점이 다른 3가지 패턴

① 시작이 생명선 위…활동적인 성격이지만, 쉽게 흥분하거나 감수성이 부족한 상.
② 시작이 생명선과 같다…견실하고 신중한 성격이지만 자신감이 부족한 상.
③ 시작이 생명선 아래…신중한 성격이 과하여 사소한 일에도 걱정을 많이 한다.

★적성에 맞는 직업

①스포츠맨 따위
②저널리스트
③예술가

나타내는데, 두뇌선의 경우도 복잡한 성격이나 변덕스러운 성격을 나타내므로, 변화가 많은 직업이 적성에 맞는다. 영업직, 여행업자 등.

끝이 치켜올라간 두뇌선

끝이 새끼손가락 쪽으로 치켜올라간 두뇌선은 '사랑보다는 돈'이라는 식의 매몰찬 성격을 나타내므로, 상업·금융업·실업가 등이 적성에 맞는다.

두뇌선의 길이

긴 두뇌선은 높은 지능을 나타내는데, 깊고 뚜렷하게 패어 있어야 하고 끊어지거나 흐트러진 곳이 없어야 한다. 그러나 두뇌선이 짧거나 빈약하다고 하여 아주 나쁘다고 판단을 하는 것은 잘못이다.

아주 짧은 두뇌선이라 하더라도 보통의 지능을 가지고 있기 때문에 일상적인 생활을 하는 데는 전혀 지장이 없다. 다만 상상력·수리력 등이 비천하여 공부를 하여도 좋은 성적이 오르지 않는데, 이는 주의가 산만하여 지구력이 떨어지기 때문이다.

두뇌선이 없으면 단명한다

어쨌든 짧은 두뇌선의 소유자는 대부분 명이 짧아서 오래 살지 못하는 경향이 강하다고 한다. 두뇌선이 없는 사람은 없겠지만 그런 사람이 있다면 교통 사고나 암 등으로 일찍 죽는 경우가 많다 하겠다.

뚜렷하게 나타나는 두뇌선

두뇌선이 깊고 뚜렷하면 정신력이나 기력이 강하다고 판단한다. 흐릿하고 가늘은 두뇌선은 정신력은 떨어져도 오히려 육체적인 면에서는 건강하다고 볼 수도 있다. 대체적으로 주의가 산만하거나 우유부단하고 무기력한 정신적인 행동을 하는 사람들의 두뇌선을 살펴보면 좋지 않다.

가장 중요한 두뇌선

아무리 좋은 태양선이나 운명선이 있어도 두뇌선이 나쁘

면 그들 선이 나타내는 커다란 행운이나 성공의 운세도 그다지 힘을 발휘하지 못한다.

두뇌의 건강을 나타내는 두뇌선

두뇌선이 두렷한 한 선으로 나타나지 않고 끊어지거나 사슬 모양·눈 모양, 또는 선 위에 반점이나 문양 등이 있다면 그 사람의 두뇌에 어떤 문제가 있다고 진단한다.

이런 두뇌선은 당연히 무기력하고 무능력한 모습으로 나타나는데, 더 나아가서 두뇌의 질환을 예고하는 경우도 있다고 한다.

手相의 실제
(두뇌선)

두뇌선은 그 사람의 성격과 그 사람에게 어울리는 직업을 나타내는 손금으로, 흔히 말하는 '머리가 좋다 나쁘다'를 보는 손금은 아니다.

물질적인 것에 강하여 실리에 밝으며 계산에 밝아 부자가 될 상.

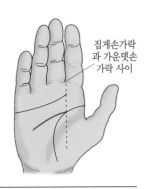

집게손가락과 가운뎃손가락 사이

머리 회전이 빠르지만 주의력이 부족한 상. 짧은 선은 재운도 나쁘고 단명하기 쉬운 상이지만 노력하면 변한다.

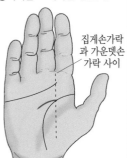

집게손가락과 가운뎃손가락 사이

그림과 같은 두뇌선이 힘이 없을 경우, 내성적이고 민감하여 신경 과민이 되기 쉬운 상. 성격을 바꾸도록.

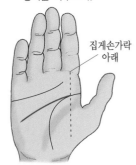

집게손가락 아래

길고 직선인 두뇌선은
이상적이고 결단력과
의지가 강하여 회사
같은 데서 인정받는 상.

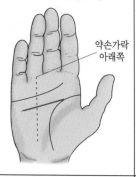

약손가락
아래쪽

대인 관계가 원만하고,
상식적인 것에서 벗어나지
않으려는 성격이며, 장사로
성공할 상.

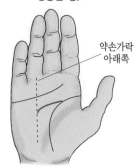

약손가락
아래쪽

곡선인 두뇌선은 지성적인
성격이며, 아이디어맨의 타입.
맛에 대한 감각과 외모에
신경을 많이 쓰는 상.

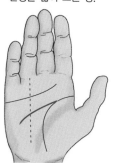

두뇌선이 그림처럼
변하면 좋은 현상이다.
재능과 재운이
생기는 상.

진취력이 있고 힘이
있는 두뇌선이므로 모든
일이 원하는 대로 잘
풀려 가는 좋은 상.

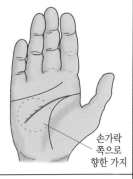

손가락
쪽으로
향한 가지

한 분야에 최고가 될 수
있는 상이지만, 모든 의욕을
상실하여 체력이 약해지므로
적극적으로 노력해야 된다.

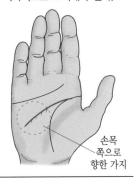

손목
쪽으로
향한 가지

아주 나쁜 상인데, 사업이
실패하거나 중상을 입는 등
불의 사고로 생명이 위태로워질
수 있다. 조심하도록.

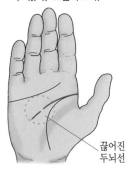

끊어진
두뇌선

머리가 좋아서 기획이나
비판에 탁월하나 대인 관계를
잘못하여 친구가 없다.
자신의 이익만을 좇는 상.

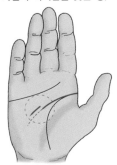

재주가 많아서
무슨 일이든지 재빨리
일을 잘 처리하는
능력가의 상.

나이가 먹을수록
금전욕이 강해지는 상.
여자일 경우에는 부부
사이가 좋지 않게 될 상.

인정이 많아 심각한 사랑에
빠져 다른 일은 할 수 없을
정도가 되지만 자신의 선택에
따라 성공도 할 수 있다.

냉철한 성격의 소유자로서
일에 대한 집념이 강하다.
재운은 좋으나 융통성이 좀
뒤떨어진다.

두 줄로 된 두뇌선의
소유자는 머리가 좋아
여러 분야에서 능력을
발휘해 성공할 상.

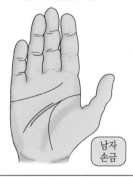

남자
손금

두 줄로 된 두뇌선의 여성은
일에서 능력을 발휘하지만
거만하여 인기가 없어진다.
경제적으로 손해를 보기 쉽다.

여자
손금

두뇌선이 가늘고 지저분하면
끈기가 없고, 두뇌회전이
느리고 사물에 대한 이해력과
사고력이 부족할 상.

그물 모양의 두뇌선은 의지가
약하여 쉽게 마음이 변하고,
이성과의 교제에 마음을
빼앗길 경우가 생길 상.

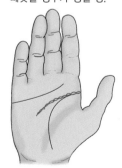

머리가 나빠 공부를 싫어하여 무능력해서 취직도 못하고, 부모에게 의지하려 함. 열등감으로 반항적이 되는 성격의 상.

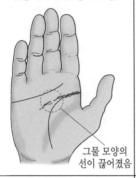

그물 모양의 선이 끊어졌음

머리는 좋으나 공부를 싫어하여 처음에는 인정을 받지 못하나 노력하여 결국에는 실력을 키워 성공하는 상.

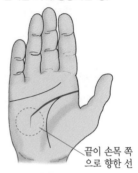

끝이 손목 쪽으로 향한 선

두뇌선이 짧거나 아주 가는 사람은 남에게 거만하게 굴어 인기가 없는 상. 남을 배려하는 마음을 가져야 한다.

신중하고 예민한 감각으로 무슨 일이든 완벽하게 처리하여 재물도 넉넉할 상. 예술에도 천부적인 재능이 있다.

감수성이 예민하여 우울증이
심하거나 노이로제나 신경
쇠약에 걸리기 쉬운 상. 축구
등, 구기 운동을 하면 좋다.

머리가 둔하여 사회 생활에
애로가 많으나 참고 꾸준히
노력하면 고칠 수 있다.

두통 등으로 고생하거나
머리가 나빠서 사물을 판단하는
힘이 약하고 소극적이어서,
의지력 · 결단력이 부족할 상.

한 가지 목표를 향해서
무서운 집념으로 노력하여
성공을 거두는 상. 재운이
가득할 상이다.

뇌질환에 관계되는 병 등,
우울증에 걸릴 확률이 높은 상.
자신에게 나쁜 일이 일어날
것을 암시한다.

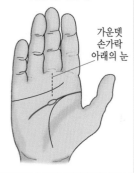

가운뎃
손가락
아래의 눈

눈과 관련된 병에 걸릴
것을 암시하는 상.
시력이 나빠지거나
실명을 예고한다.

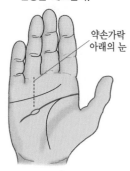

약손가락
아래의 눈

노환이 심해져 마음의
병이 깊어지면서 신경이
예민해지고 심하면 치매가
오기도 한다.

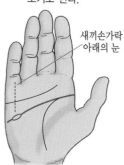

새끼손가락
아래의 눈

정신 이상을 암시하는 나쁜
표시이다. 강한 의지력으로
극복하지 못하면 발작을 일으
켜 살인을 하거나 자살할 상.

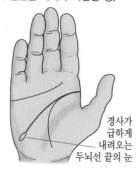

경사가
급하게
내려오는
두뇌선 끝의 눈

감정선 보는 법

감정선의 의미

감정선에는 명칭 그대로 그 사람의 센스나 감정의 움직임, 그리고 그 사람의 성격을 나타낸다.

감정선은 한 인생의 삶이 희극인지 비극인지를 가르쳐 주는 언어이며 사랑에 대한 감정을 표현하는 마술이라고 한다. 따라서 남자보다 여자가 더욱 감성적이고 예민하기 때문에 감정선의 의미가 여자에게는 더욱 강하게 해석된다.

이상적인 감정선이란?

좋은 감정선은 다른 선과 마찬가지로 두렷한 한 선으로 나타나지 않고 끊어지거나 사슬 모양·눈 모양, 또는 선 위에 반점이나 문양 등이 있다면 심장에 관계되는 병을 암시한다고 한다.

감정선이 없는 사람은 명칭 그대로 감정이 메마르고 자

기 본위적이며 냉정한 성격의 소유자이다.

감정선의 진단법

감정선의 끝부분이 길게 늘어지면 감상적인 성격, 짧으면 냉정한 물질주의자로 판단한다. 또한 위쪽으로 둥글게 나타나는 긴 감정선은 깊은 애정을, 직선의 감정선은 자기 본위의 성격을, 아래로 향한 선은 감상적인 성격을 나타낸다.

끊어져 있거나 가지선이 많은 감정선

단속적으로 이어진 감정선은 감정에 기복이 있다는 것을 나타낸다. 또한, 가지선(갈라진 손금)이 많은 감정선은 감정적인 성질의 소유자임을 나타낸다.

특히 감정선 위쪽으로 가지선이 뻗어 있을 경우는 더욱 감

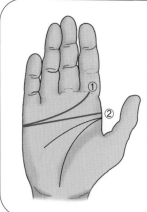

긴 감정선

① 집게손가락이 붙어 있는 관절 부분까지 손금이 이어져 있으면, 자기를 희생하면서까지 남을 위하는 성질이다. 정신력이 강하고 자신의 일에 열정적이므로 부와 성공이 따르는 상.

② 집게손가락 바깥쪽으로 빠진 경우는 폭발성이 강하거나 질투심이 많은 성질을 나타낸다. 이 손금은 대성공을 거두거나 혹은 실패자의 두 가지 상.

정적이고, 아래쪽으로 가지선이 뻗어 있을 경우는 다소 이성적인 성격이 된다.

시원스럽게 뻗은 감정선

집게손가락과 가운뎃손가락 사이를 향해 시원스럽게 뻗어 있는 감정선은 기복이 없는 감정과 공정한 감각을 나타내므로, 깨끗하고 온건한 성질이 된다. 애정 관계는 매우 신중하고 상식적인 성격의 상이다.

급커브의 감정선

끝이 가운뎃손가락 아래쪽으로 향한 급커브의 감정선은 자기 중심의 성질을 나타낸다. 목적을 이루기 위해서는 남의 사정을 보지 않는 냉혹한 성격의 소유자의 상. 사슬 모양의 경우나 가지선이 있는 경우는, 그 성질이 다소 약화된다.

사슬 모양의 감정선

감정의 기복이 많은 변덕스러운 성질이다. 두뇌선이 좋으면 눈치빠르게 열심히 일하는 타입이지만, 두뇌선이 나쁘면, 변덕이 심하고 게으름을 피우는 나태한 성질이다.

手相의 실제

(감정선)

감정선에는 명칭 그대로 그 사람의 센스나 감정의 움직임, 그리고 그 사람의 성격이 나타난다.

신의와 애정이 있고, 교우 관계 등, 사회 생활을 하는 데에 가장 모범적인 사람으로 명예와 부가 따르는 상.

운명론을 믿고 따르려고 하는 광신자의 상이다. 가운뎃손가락 아래쪽 선의 곡선이 가파를수록 불륜의 사랑도 깊다.

이런 가지선이 많을수록 연인과 애정의 갈등으로 많은 번민을 한다. 두뇌선과 붙으면 비애는 더욱 심하다.

자기 중심의 성질을 나타낸다.
목적을 이루기 위해서는 남의
사정을 보지 않는 냉혹한
성격의 소유자의 상.

짧은 선은 단순한 감정을
나타낸다. 따라서 인정이 없고
남에 대한 배려도 없는 차갑고
둔감한 성격의 상이다.

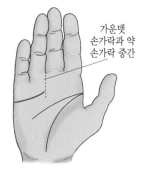

가운뎃
손가락과 약
손가락 중간

잡은 손금이라 하는데, 고독함
이 깃들여 있다. 대성하거나
실패하는 상. 운명선과 태양선
이 동반해야 성공한다.

태양선

운명선

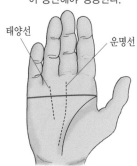

옆의 경우와 같이 한번
결심한 일은 반드시 이루는
강인한 결단력을 가졌지만
상식적으로 행동하는 상.

한번 결심한 일은 반드시
이루는 강인한 결단력을 가진
사람의 상. 너무 집착이 강한
것이 약점이 될 수 있다.

사교술이 뛰어나 장사나 사업
등을 하면 성공할 상. 유흥업소
를 운영하는 여자에게 주로
나타난다.

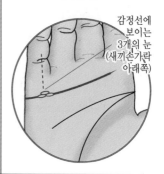

감정선에
보이는
3개의 눈
(새끼손가락
아래쪽)

두뇌선, 또는 생명선을 교차하
는 지선은, 부부 또는 연인과의
사이가 돌이킬 수 없는 지경에
이름을 암시하는 상.

금성구에 닿은 감정선의
지선은, 연인을 열렬히 사랑했
으나 이루지 못하고 비극으로
끝나는 사랑을 암시한다.

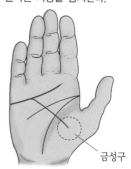

금성구

사람을 좋아하는 성격,
행복한 가정을 이룰 상.
명랑하고 애정이
풍부할 상.

일반적으로 정열적인
성격을 나타내는 상이다.
그러나 지선이 향하는 선의
강약에 따라 경향이 다르다.

관능적

애정에
냉정하고
상식적

정열적

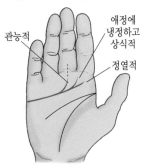

자기 중심적인 성격이며
방탕하고 호색하다. 냉혹한
성격이고, 손이 부드러울수록
더욱 호색하다.

손가락 가까이
붙은 감정선은 시기와
질투가 많은 성격을
나타내는 손금.

착하고 너무 감상적인
점 때문에 무시당하여
인생에 있어서 돌이킬 수
없는 불운을 당하는 상.

감정선이 **짧으면** 감정도
메마른 사람이라고 볼 수 있다.
따라서 애정보다는 정욕만을
채우려는 타입의 상.

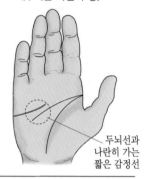

두뇌선과
나란히 가는
짧은 감정선

태양구의 영향을 받은 예술적
감각이 애정에도 영향을 미쳐
배우자를 선택할 때도
미인을 원하는 상이다.

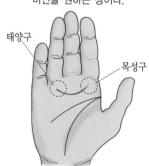

태양구

목성구

이해 타산적이고 너무
물질적인 것에만 치중하는
멋없는 사람의 상이다.
사랑보다는 돈을 따르는 상.

수성구에
서 시작

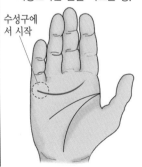

여성에게 많이 볼 수 있는 이중 감정선으로 사회적으로 출세할 상.

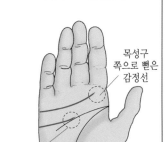

목성구 쪽으로 뻗은 감정선

두뇌선에 닿았다.

여자 손금

이런 손금인 사람은 정력가가 많다. 때문에 이성 친구가 많다. 취미가 다양하며 마음이 넓은 타입의 상.

이중 감정선

둘로 나뉜 감정선의 경우는 초혼에 실패하는 것을 암시한다. 늦게 결혼하면 피할 수 있다.

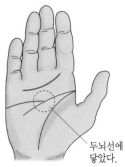

두뇌선에 닿았다.

꾸불꾸불한 감정선. 냉혈한 의 손금으로, 자기의 목적만 을 위해 고집부리는 외곬 성격의 상.

다정다감한 성격의 남자지만, 변덕이 심하고 바람기가 많아 호색한이거나 또는 심장의 병을 암시하기도 함.

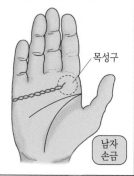

목성구

남자
손금

여자의 경우는 세심하게 배려할 줄 아는 감정이 많이 작용하기 때문에 좋은 상일 수도 있다.

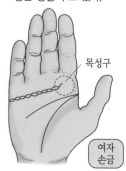

목성구

여자
손금

사슬 모양의 감정선은 모두 성적인 표현을 나타내는데, 육체적인 쾌락을 좋아하는 상.

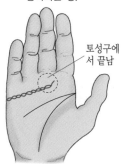

토성구에서 끝남

손목 쪽으로 향한 사슬 모양의 감정선은 이성을 비하하고 성적 대상으로만 대하는 변태적인 상.

변태적인 사람의 상으로, 이성을 만나면 성적 대상으로만 보는 천박한 사람의 상.

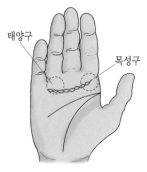

태양구

목성구

시작 부분이 사슴 모양의 감정선은 여자의 손금으로, 불임 여성의 상을 나타낸다.

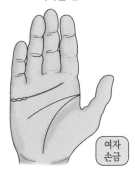

여자 손금

성격이 밝고 낙천적이다. 친구와 여자의 인기를 독차지할 뿐만 아니라 가정의 운도 좋은 상. 남자에게만 있는 손금.

남자 손금

성격이 우울하고 비관적이다. 다소 자상하고 감상적인 면이 있으나 실연·슬픔과 설움에 젖어 있는 상.

성격이 완고하여 자신의 주장을
관철하는 데에는 타협이 없다.
신경 과민이거나 심장판막증
환자임을 암시하는 상.

성격이 명랑하고 재치·
유머가 넘친다. 주로 외교관이
나 아나운서 같은 직업에
그 재능을 발휘할 상이다.

왕성한 정력과 생식
기능을 나타낸다. 많은
자손을 볼 수 있는 것을
암시하는 상.

부모가 반대하거나 경제적인
어려움 등으로 사랑하는 사람
과 결혼하려는 데 장애가
있음을 암시하는 상.

체질이 허약하거나 심장의 장애를 암시하지만 연인과의 이별이나 다툼을 암시하기도 하는 상

감정선에 나타나는 반점이나 선

감정선에 붙은 십자 문양은 나쁜 운을 예고하는 표시다. 연인이 사고를 당하거나 병으로 급사하는 것을 암시함.

감정선에 나타나는 별 문양은 연인과 심한 다툼으로 인해 이별을 하는 등, 애정의 파탄을 암시한다.

다른 선에 생긴 네모 문양은 대부분 좋은 의미지만 감정선의 경우는 예외이다. 연인이 아프거나 재난을 당할 상.

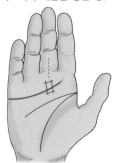

가운뎃손가락 아래 이외의
곳에 생기면 연인과 타투거나
남에게 속아서 곤란한 일을
당할 것을 암시한다.

기력이 약하거나 소극적이고
행동이 둔하고, 변덕스럽고
바람기가 많음. 단순히 심장이
약함을 암시하기도 함.

가늘고
끊겨 있는
감정선

두뇌선과 닿은 지선은,
사랑에 깊이 빠져 버릴 상.
자기 자신을 잃어버리고 연인에
게 맹목적으로 헌신한다.

심장의 병이나 불가피한
부부의 이혼, 연인과의
이별을 예고하기도 한다.

가운뎃
손가락
아래쪽에서
끊어짐.

이런 모양의 손금은 흔히 있는데, 마치 이중 감정선처럼 보인다. 연인에게 실연을 당하거나 파탄을 암시하는 상.

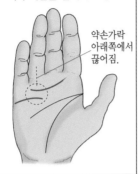

약손가락 아래쪽에서 끊어짐.

경제적인 이유로 이혼이나 이별할 상을 암시한다.

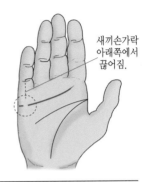

새끼손가락 아래쪽에서 끊어짐.

이런 모양의 손금은 흔히 있는데, 결혼을 실패하는 사람의 상이다.

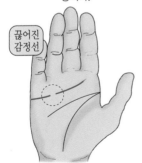

끊어진 감정선

정력이 왕성하고 강한 정신력의 소유자. 한 사람의 배우자에게 만족하지 못하는 상. 활발한 직업 여성에게 많은 상.

이중 감정선

감정선에 눈이 많으면 불운의 정도도 그만큼 깊다고 보면 된다. 이 경우는 배우자나 연인과 사별할 것을 암시한다.

끝부분에 생긴 눈 모양

운명선의 눈은 경제적인 손실 등을 의미하지만 이것은 연인과의 갈등이나, 삼각 관계로 인한 고뇌를 의미하기도 함.

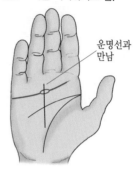

운명선과 만남

감정선에 눈이 생기면 불길한 징조이다. 이 경우는 심장의 병, 또는 눈의 병을 예고한다.

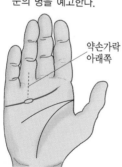

약손가락 아래쪽

토성구가 의미하는 이기심이 강화되어 더욱 부정적으로 나타난다. 호색 방탕하고 남을 배려하지 않는 폭군의 상.

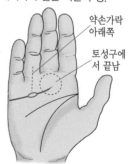

약손가락 아래쪽

토성구에서 끝남

운명선 보는 법

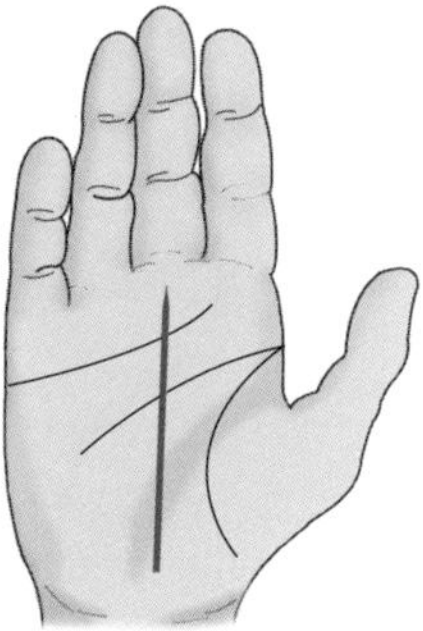

운명선은 사회 생활의 운세를 본다

생명선이 개인적인 생활 에너지를 나타내는 데 비해, 운명선은 사회적인 생활의 운세나 변화 따위를 나타낸다. 예를 들어, 행·불행, 사업의 성공·실패 등이다.

최고의 운명선 '천하의 선'

오른쪽 그림은 운명선의 기본적이고 가장 이상적인 '천하의 선'이라 칭하는 손금이다. 이런 손금을 가진 사람은 어릴 때부터 평생 동안 어려움 없이 실패를 모르고 성공이란 철옹성에서 살게 된다는 것이다. 하지만 노력을 하지 않아도 된다는 것은 아니라, 노력을 하여도 실패를 하는 사람도 있지만 적어도 노력을 하면 반드시 성공한다는 뜻이다.

그러나 여자가 이런 손금일 경우에는 독신이나 과부로 지낼 수가 있으므로 자중해야 한다.

3대 선이 보완한다

운명선은 손목에서 가운뎃손가락을 향해 곧게 뻗어 있는 것이 좋은데, 짧거나 전혀 없는 경우도 있다.

그러나 그 경우는 3대 선이 보완하므로 비관할 필요는 없다.

운명선의 모양

운명선이 많이 구부러져 있거나 끊어져 있으면 선의 이름 그대로 자신의 운명도 변화를 맞이할 수밖에 없음을 암시한다. 길수록 좋지만 그렇다고 너무 뚜렷하면 좋다고 할 수 없다. 운명이 다른 선의 영향을 지배할 수도 있기 때문이다.

이상적인 운명선은 너무 약해서도 안 되지만 너무 강하게 뚜렷해도 곤란하다. 적당한 선이어야 한다. 아울러 태양선과 나란히 가야 가장 바람직하다.

운명선이 보이지 않는 손의 소유자는 본인의 운명도 그다지 내세울 것이 없다고 보면 된다. 그러므로 가정이나 사회적으로 눈에 띄지 않고 평범하게 살아가게 된다. 그러나 좋은 손금이라고 할 수는 없지만 감정선이 뚜렷하고 좋으면 실망할 필요는 없다.

운명선의 시작에 따라 운세가 다르다

운명선은 시작점에 따라 각각 그 의미가 다르다. 손바닥 중앙에서 시작되면 스스로 운을 개척해 나가는 타입이고, 월구에서 시작되면 남의 도움으로 운을 개척해 나가고, 금성구 부근에서 시작되면 친인척의 도움으로 운을 개척해 나간다고 한다.

두 개의 운명선

운명선이 평행해서 2개 있는 것은 좋은 징조로, 큰 도움이나 의외의 찬스가 와서 운이 트이는 것을 나타낸다.

가지선이 있는 운명선은 길상

가지선은 운명선의 경우는 뜻을 강화하게 되어, 가지선이 많으면 많은 사람을 상대로 운이 트인다는 표시이다. 혹시 인기 가수가 될지도 모른다.

끊어져 있는 운명선

운명선이 단속적이거나, 끊어진 곳이 있는 경우는, 경제적인 이유 등으로 생활에 변화가 일어난다는 것을 나타낸다.

사슬 모양의 운명선

사슬 모양의 경우도 끊어져 있는 운명선과 마찬가지로 생활에 변화가 일어난다는 것을 나타낸다.

手相의 실제

(운명선)

생명선이 개인적인 생활 에너지를 나타내는 데 비해, 운명선은 사회적인 생활의 운세나 변화 따위를 나타낸다.

가장 이상적인 '천하의 선'은 반드시 성공한다. 그러나 여자의 경우에는 독신이나 과부로 지낼 수가 있다.

운명선을 강화하게 되어, 가지선이 많으면 많은 사람을 상대로 운이 트인다는 표시. 인기가수가 될지도 모른다.

가지선이 많은 운명선

운명선이 단속적이거나, 끊어진 곳이 있는 경우는, 경제적인 이유 등으로 생활에 변화가 생기는 것을 나타낸다.

끊어진 운명선

생활에 변화가 일어난다는
것을 나타낸다. 몸이 허약하거
나 주위의 방해로 사업이나
일에 방해를 받게 되는 상.

사슬
모양의
운명선

사회 생활에 잘 적응을 하여
성공하는 상이지만 게으름을
피우면 곤란을 겪게 된다. 다재
다능한 능력을 나타낸다.

끊어질
듯 이어진
운명선

좋은 징조로, 남의 도움이나
의외의 찬스가 와서 운이 트이
므로, 재운이나 사회적으로
성공하는 것을 암시함.

평행한
2개의
운명선

이런 손금에 두뇌선도 좋으면
사회적인 지위와 재력 등으로
남이 우러러보는, 대성공하는
금상첨화의 상이다.

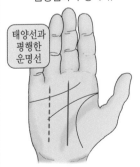

태양선과
평행한
운명선

어릴 때에는 고생을 많이 했으나 어른이 되면 스스로 노력하여 성공을 하는 상. 태양선이 있으면 빨리 성공한다.

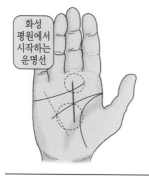

화성 평원에서 시작하는 운명선

학생 시절엔 고생을 많이 하게 되나 졸업 후에는 스스로 노력하거나 자신의 재능으로 성공하는 상.

남의 도움으로 성공을 할 수 없으므로 스스로의 노력으로 성공하게 될 상.

월구 윗부분에서 시작하는 운명선

월구에서 시작하여 토성구에 닿은 곧은 운명선은 연예인 등, 인기를 누리는 직업이거나 배우자의 도움으로 성공할 상.

월구에서 시작하는 운명선

월구에서 시작하여 토성구에 닿은 둥근 운명선은 감각과 눈치가 빨라서 주식 투자나 기획 업무에 성공할 상.

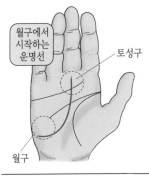

월구에서 시작하는 운명선

토성구

월구

이성의 도움으로 행운을 찾는 상이므로, 배우자의 집이 부자라든가, 능력 있는 배우자와 결혼을 하는 상.

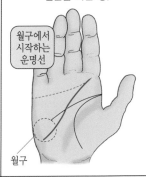

월구에서 시작하는 운명선

월구

행운아의 상이다. 이성뿐만 아니라 친구나 타인 등, 주위의 여러 사람이 그에게 도움을 주어 성공하게 된다.

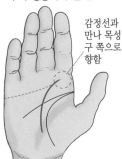

감정선과 만나 목성구 쪽으로 향함

이성에 대한 짝사랑 등, 대체로 불륜적인 사랑을 꿈꾸면서 살게 되는 불운의 상. 여자에게는 가장 나쁜 상이다.

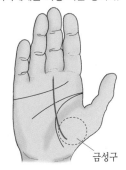

금성구

초 · 중년의 운세는
나쁘지만 장년 이후에는
안정된 생활을 하게 될 상.
이른바 대기만성형.

초년과 말년의 상이
나쁜 것을 나타내는 상.
따라서 중년의 운세는
좋다.

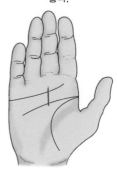

초년에는 부모의 보살핌
등으로 운세가 좋았으나 중년
이후부터는 운세가 좋지 않다는
것을 암시하는 상.

운명선이 가느다란 선으로
시작되는 것은 초년에 많은
고생을 하게 되지만 서서히
운세가 좋아지는 상.

두뇌선에 가로막힌 운명선은
한 번쯤 사업의 실패나 부도
등의 좌절을 맛보게 되는 상.
여자는 이별을 의미함.

감정선에 가로막힌
운명선은 주로 애정의
파탄을 예고하는데, 섣부른
결혼은 이혼을 부른다.

손목 부분에서 시작하여
생명선과 붙은 운명선은 어릴
때부터 가정 사정 등으로
불우한 삶을 지낼 상.

운명선이 생명선에 붙으면
초년 때 가정의 불화나 불우한
환경, 또는 질병으로 고생하게
되는 것을 의미한다.

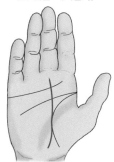

과한 욕심으로 사업 등에
실패하여 노년의 운세가
나쁘다. 여자는 남편과
일찍 사별하는 과부상이다.

생명선과 가까우면 부모나
친척의 덕으로 초년의 운세가
좋은 상. 운명선이 적당히
길어야 말년까지 복이 있다.

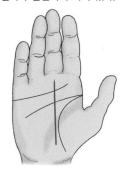

집게 · 가운뎃손가락 사이로
향하는 운명선은 야심이 있고
적극적으로 생을 개척해 가는
상. 여자는 남편운이 나쁘다.

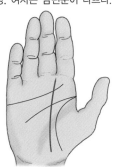

강한 생활력을 보이며
맞벌이 등으로 가정의 생계를
책임지는 운명의 상. 남자
같은 체격의 여자가 많다.

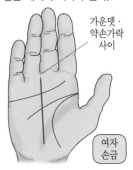

가운뎃 ·
약손가락
사이

여자
손금

갈라진 모양이 흐트러지지
않고 선이 간결하면 운세가
좋다는 암시. 사업 등이
순조롭다.

금성구 쪽의 선이 강하면
가족이나 친지 · 배우자의 도움
으로, 그 반대이면 남의 도움으
로 성공하게 되는 상.

금성구

현실과 공상 사이를 왕복하면서
사는 운명의 상. 그러나 중심선
이 두 선보다 강하면 그 현상이
별로 심각하지 않다.

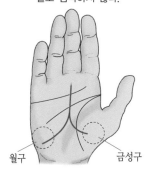

월구　　　　　　　금성구

이런 손금은 환경이나 신분의
변화를 암시한다. 손가락 쪽의
선이 강하거나 똑바르면 좋은
방향으로 작용한다.

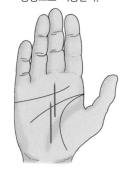

사업의 실패 · 파면 · 부도
등의 불운을 암시한다.
직업의 변동 · 이사 등을
예고한다고 볼 수도 있다.

인생에 변화와 기복이 심하고
좋은 일보다는 실패나 곤란한
일을 많이 만나는 등, 불안정한
생활을 할 상.

가늘고
끊어진
운명선

세상살이가 순탄하지 못하여
고달프다는 것을 암시하며,
역마살이 끼였다는 것이 바로
이와 같은 상이다.

운명선이 생긴대로 꾸불꾸불한
고생스러운 인생을 살게 된다
는 암시. 세상살이가 순탄하지
못하여 고달프다.

청장년기에 생기는 금전적 원인으로 인한 실패나 좌절 등을 암시하는 상. 연인과의 번민이나 싸움을 암시하기도.

두뇌선은 지능과 관계가 있는데, 이런 손금은 자책적인 의미로, 실패한 무능한 자신을 돌이켜보게 한다.

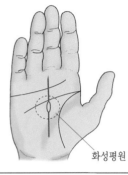

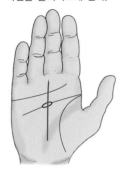

화성평원

금성구 쪽으로 난 지선의 눈 모양은, 남자의 유혹에 빠져 몸을 바치는 것을 암시하는 상이다.

월구 쪽으로 난 지선의 눈 모양은, 남자가 유부녀와 불륜의 관계를 맺는 것을 암시하는 상이다.

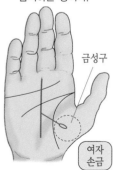

금성구

여자
손금

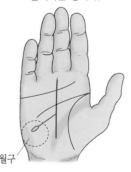

월구

대부분 급사를 당하는 운명을 암시하며, 사형수의 손에서 많이 볼 수 있다고 한다. 매우 좋지 않은 상이다.

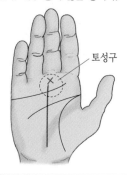

토성구

십자 문양보다 더 나쁜 상이다. 역시 사고와 손해 · 죽음 · 실패 등을 암시한다. 매우 좋지 않은 상이다.

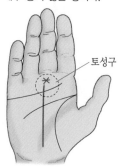

토성구

가족과 친척들과의 트라블로 곤란을 겪는 것을 암시하며, 지방 출장 도중에 사고를 당할 것을 암시하기도 한다.

운명선과 닿은 십자 문양

월구

금성구

운명선이 사각 문양을 지나가면 역시 좋지 않은 일이 생기지만 금방 회복하게 된다.

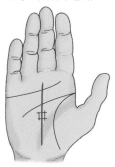

수성구로 향한 지선도 성공을
나타내는 길상이지만, 전문적인
부분인 이공 계통이나 실업
계통의 성공을 의미한다.

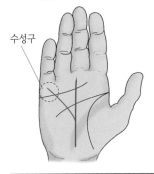

수성구

운명선의 지선이 태양구에
닿아 있는데, 이는 재운이나
성공을 암시하는 아주
좋은 상이다.

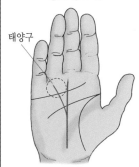

태양구

사회적으로 대성공을 이루는
길상으로, 재운·명예·권력
등을 모두 차지할 가능성을
나타내는 상이다.

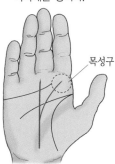

목성구

많은 사람으로부터 도움을
받아 사회적으로 성공하는
상이지만, 남을 배려하는 마음
도 배워야 실패하지 않는다.

성공을 가로막는 장애가 생기는 것을 암시. 연인과의 이별이나 친지들 때문에 발생하는 실패나 손해 등을 나타낸다.

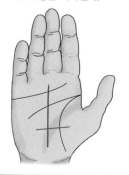

운명선이 강하고 뚜렷한 좋은 선이라도 장애선이 그림처럼 있으면 노년에 나쁜 운세를 맞게 되는 것을 암시한다.

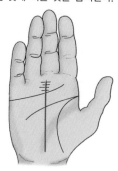

중년기의 장애를 암시하는 것으로, 사업의 실패를 의미하기도 하지만 연인과의 파탄이 가장 많다고 한다.

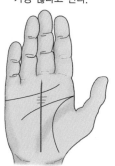

이런 장애선은, 좀 일찍 사고나 실패·손해 등을 만나게 된다는 것을 암시한다.

운명선과 태양선이 이 손금처럼
엇갈리면 인생이 변화 무쌍할
상. 좋은 운세와 나쁜 운세는
자신의 노력에 달렸다.

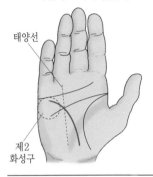

태양선

제2
화성구

운명선에 붙은 둥근 원
모양의 문양은 잘 나타나지는
않지만 불길한 사건을
암시하는 상이다.

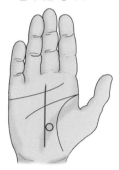

운명선이 생명선을 지나
올라가면 대부분 부모와
가족을 위해 자신을 희생하는
운명을 암시한다.

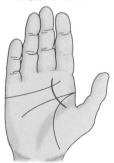

부잣집 딸과 결혼을
하여 사회적으로
성공을 하게 되는
것을 암시한다.

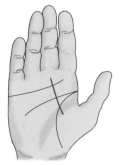

어릴 때부터 부유한 집에서 태어나 남부럽지 않은 생활을 하였으며 가업을 계승하여 좋은 운세로 평생을 사는 상.

생명선과 붙은 운명선

초년에는 고난과 역경이 있으나 끊없는 노력으로 성공하여 마침내 좋은 운세가 된다.

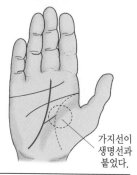

가지선이 생명선과 붙었다.

성공의 상이다. 젊을 때부터 경제적으로 부유하게 생활한다. 그러나, 여자는 결혼 후 남편과 트러블이 많을 상이다.

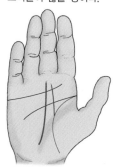

태양선 보는 법

노력의 성과를 나타낸다

태양선은 운세의 변화가 많은 사람
이나 운세에 지배되기 쉬운 사람에게
나타나는 손금으로서, 그 사람의 노
력이 열매를 맺을 것인가 아닌가를
나타내는 것이고 동시에 운명선의 뜻
을 강화하거나 보완하기도 한다.

태양선의 의미

태양선은 성공 · 명예 · 재운 · 출세 등, 인생에서 행운을
만날지 어떨지를 보는 표시일 뿐만 아니라 이름 그대로 태양
과 같이 없어서는 안 되는 아주 중요한 선이다.

그러나 모든 선과 같이 태양선만 좋다고 하여 좋은 손금이
라고 말할 수 없다.

이상적인 손금이란 운명선과 같이 나란히 올라간 태양선
이다. 그래도 태양선이 좋으면 운명선이 나빠도 보완을 해
준다고 하므로 오히려 운명선보다는 태양선이 중요하다는
것에 주의를 기울일 필요가 있다.

태양선에 관한 찬양

태양선이 보이지 않으면 불행한 상이라고 할 수 있을까? 뚜렷하고 좋은 태양선이 보이면, 설령 지능을 나타내는 두뇌선이 나빠도 어느 정도는 복을 보장받는다고 한다.

이처럼 태양선의 존재란 참으로 중요하다고 강조하고 있다.

또, 아무리 좋은 손금이라고 해도 태양선이 보이지 않으면 아무리 총명하고 뛰어난 재능을 가진 사람이라도 자신의 재능을 발휘하지 못하여 사회적으로 성공을 하기란 불가능하다고 말하고 있다.

긴 태양선

손목에서 약손가락 아래까지 곧게 뻗어 있는 태양선은 노력이 성과를 거둔다는 것을 나타낸다.

자기의 능력이 신장되도록 노력한다면 무엇이라도 성취할 수 있다.

활 모양의 태양선

제 2 화성구에서 약손가락 아래쪽으로 뻗어 있는 태양선은 꾸준히 노력하면 목적이 달성된다는 것을 나타낸다. 약손가락 아래의 짧은 태양선은 운이 트인다는 징조이다.

手相의 실제
(태양선)

태양선은 그 사람의 노력이 열매를 맺을 것인가 아닌가를 나타내는 것이고 동시에 운명선과 두뇌선의 뜻을 강화하거나 보완하기도 한다.

곧게 뻗어 있는 긴 태양선은 노력이 성과를 거둔다는 것을 나타낸다. 노력한다면 무엇이라도 성취할 수 있다.

곧게 뻗은 긴 태양선

태양구

꾸준히 노력하면 목적이 달성된다는 것을 나타낸다. 약손가락 아래의 짧은 태양선은 운이 트인다는 징조이다.

활 모양의 태양선

예능·사업·예술 등, 사회적으로 어떤 방면으로든 성공하는 상이다. 당연히 운명선과 두뇌선이 좋아야 한다.

연예인 · 예능인 · 종교인에게
이 손금이 보이면 성공하는
상이지만, 변화와 기복이 많은
생을 보낼 운세를 나타낸다.

월구에서
시작하는
태양선

월구

초반에는 운세가 나빠서
고생하다가 중년 이후에는
운세가 좋아 성공할 상.
단, 곧고 뚜렷해야 한다.

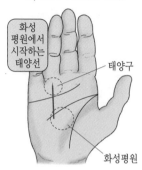

화성
평원에서
시작하는
태양선

태양구

화성평원

초반에는 운세가 나빠서
고생하다가 장년 이후에는
운세가 좋아 행복을
보장받는 상.

초 · 중반에는 운세가
나빠서 고생하다가 노년에
가서야 겨우 반짝 운세가
좋아지는 상.

예술적인 면에서는 두각을 나타내지만 산만한 성격 때문에 안정을 하지 못해 성공하기 어렵다. 집중력을 키우도록.

두 가지 직업을 가진 사람의 손금으로 모두 다 성공하게 된다는 것을 암시한다.

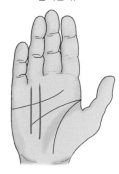

부업을 하게 되는 상으로 짧은 선이 긴 선과 같이 뚜렷하면 수입이 좋다는 것을 의미한다.

열심히 노력한 덕에 성공하는 것을 암시하는 상. 이 선이 있는 여자는 좋은 남자를 만나 성공한 결혼을 한다는 암시.

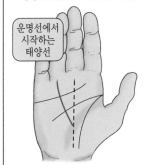

태양선은 노력이 열매를
맺을 것을 아는 선이다.
따라서, 열심히 노력한 덕에
성공하는 것을 암시하는 상.

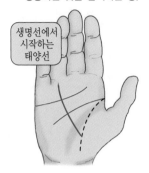

생명선에서
시작하는
태양선

감정선이 좋으면 예술 방면에
성공할 상. 특히 남녀의 애정에
관한 문학에 천재성을 발휘한
다고 해석하기도 한다.

금성구에서
시작하는
태양선

금성구

서비스업으로 성공한
사람에게 많은 손금인데,
혼자 노력하여 성공하는,
자수성가형의 상이다.

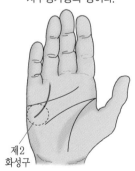

제2
화성구

나쁜 손금이다. 평생 동안
불운이 계속되는 상. 그러나
작은 실금으로라도 이어져
있으면 안심해도 된다.

가까운 친지나 배우자를
잘 만나 성공하게 되는
운세를 암시하는 상.

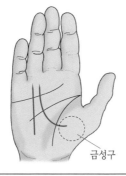

금성구

이상적인 사람과 결혼하여
행운을 잡게 되는 상. 또한,
유산 상속을 받게 되는
좋은 상이라고 본다.

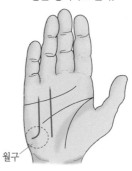

월구

유산 상속을 받게 되는
좋은 상이라고 본다. 이런
경우에는 형제의 유산을
받을 상이다.

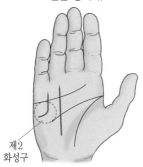

제2
화성구

보증 같은 것을 서거나
해서 형제 때문에 경제적
인 피해나 손해를 입게
되는 상.

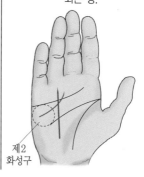

제2
화성구

성실한 사람의 표상으로
점점 운세가 좋아져서
좋은 명예를 얻어
성공하게 되는 상.

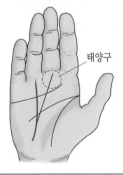

태양구

인간 관계나 돈벌이 등에
띄어난 재능이 있을 뿐만
아니라 과학 · 실업 방면의
분야에서도 성공할 운세.

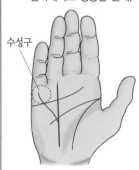

수성구

의지가 강하고 성실한 사람의
표상으로, 적극적으로 노력하
면 재력과 명예를 얻어 성공
하게 되는 상.

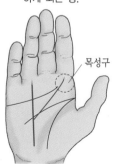

목성구

가장 이상적이고 최고의
길상이다. 성공은 물론
명예와 부를 모두 차지하게
될 금상첨화의 손금.

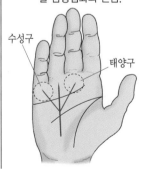

수성구

태양구

사업상 동업자나 협력자가
도와 줘서 성공하게 되는
상이다. 운명선이 좋으면
그 뜻이 더욱 강화된다.

자수 성가한 사람으로서
인기와 명예를 누리는 상이다.
이런 손금은 의사 · 정치인 ·
변호사 등에 많다.

월구에서
시작하는
가지선

월구

좋은 손금이지만 끝이 두 갈래
로 갈라져서 행운이 쪼개진다고
본다. 그러나 가지선의
끝부분이 좋으면 길상이다.

태양선의 힘을 분산시켜
사업 등을 하는 데 있어서
마음이 흐트러져서 성공을
장담하기 어렵다.

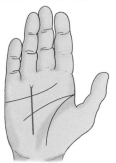

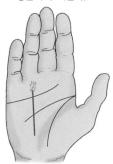

태양선 끝부분의 주위에
가느다란 세로선들이 있으면
태양선의 힘을 약화시켜
크게 성공하기는 힘들다.

초반의 운세는 좋지 않아서
많은 고생을 하지만 30대 이후
부터는 행운이 시작되는 상.
눈물 끝, 고생 끝이다.

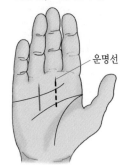

운명선

초반의 운세는 좋아서
고생 없이 잘 살았으나
후반에는 운세가 나빠서
많은 곤란을 겪을 상이다.

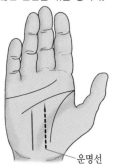

운명선

태양선이 그림처럼 뚜렷하고
곧게 올라가고, 운명선이 생명
선에서 시작하여 나란히 올라
가면 금상첨화, 대길상이다.

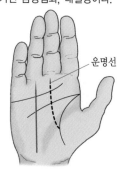

운명선

태양구 위에 생기는 수많은
잔금은 나쁜 건강으로 인한
사업의 실패를 암시한다.
꾸준히 운동을 하도록.

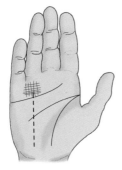

태양구 위에 생기는
네모 문양은 좋은 상으로,
성공과 행복을 암시한다.

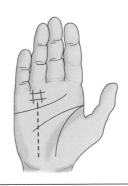

별 문양은 좋은 징조이다.
앞쪽에 나타나면, 자신의
재능을 발휘하여 머지않아
성공하므로 참고 기다릴 것.

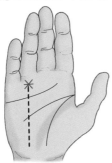

별 문양은 좋은 징조이다.
어디에 나타나도 태양선의
힘을 강화시키는 표시이므로
행운을 기대해도 좋다.

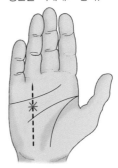

십자 모양의 문양은 나쁜 표시.
어느 곳에 나타나도 태양선의
힘을 약하게 하므로 불행을
암시한다. 주의를 요함.

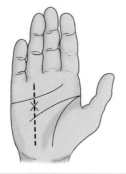

짧은 태양선의 눈 모양은
사회적으로 누명·명예 훼손
등 많은 장애가 생기는
것을 암시한다.

눈 모양은 어느 곳에
나타나도 태양선의 힘을
파괴하므로 불행을
암시한다. 주의를 요함.

초년에는 남부럽지 않게
성공하여 잘 살았으나 말년에
는 실패하여 불행하게
된다는 암시의 표시.

태양선 위의 사각 문양은
불길한 징조를 보호하는 기능이
있다고 한다. 따라서 불행한
손금이라도 안심할 수 있다.

동성同性의 방해를 받는 손금.
생명선 안쪽에서 나와서 태양
선에 닿은 선은 시기나 질투,
등의 방해를 받는 장애선.

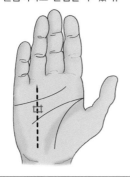

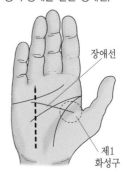

장애선

제1
화성구

가족이나 친지의 방해를
받는 손금. 생명선 안쪽에서
나와서 태양선에 닿은 선은
남의 방해를 받는 장애선.

태양선을 가로지르는 선은
남의 방해를 받는 장애선으로,
이 손금은 친형제에게 피해를
볼 가능성도 있다는 암시.

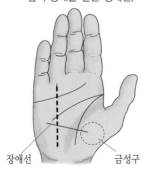

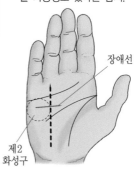

장애선

장애선

금성구

제2
화성구

방해를 받는 장애선으로, 초기에는 불운의 운세를 당하지만 청·장년 이후부터는 좋은 운세로 살 수 있다는 암시.

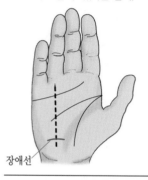

장애선

변덕쟁이의 상. 다재다능한 능력의 소유자임을 나타내지만 일관성이 없으면 실패할 운세이다.

꾸불꾸불한 선은 태양선의 힘을 약화시킨다. 이런 사람은 자신감이 없고 줏대가 없는 사람이라고 볼 수 있다.

이런 사람은 자신의 일에 자신감이 없고 줏대가 없는 사람이지만 꾸준히 한 가지 일에 전념하면 변할 수 있다.

이것도 태양선이다. 인기를
먹고 사는 정치나 연예인에게
많이 볼 수 있는데,
인기가 없으면 약해진다.

태양선은 좋은데, 월구로
내려가는 지선 때문에
좋은 운세가 약해졌다.

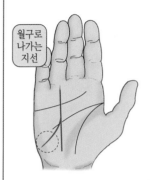

월구로
나가는
지선

건강선 보는 법

인기를 나타낸다?

건강선은 남의 호감을 사거나 존경받거나 인기를 모으는 것을 나타낸다고도 하고 생명선처럼 현재의 건강 상태나 질병을 나타내는 선이라고도 한다. 때문에, 다른 선에 비해 변화가 많다.

건강한 사람의 손금은?

건강선이 뚜렷하게 나타나는 경우에는 주로 신경 계통의 병이 깊어지고 있다는 표시이다. 이 건강선의 특징은 다른 선과는 반대로 없거나 흐릿한 것이 좋은 상으로 판단을 하므로 차라리 불건강선이라고 불러야 할 것 같다.

이 책에서는 이름 그대로 건강선에 대한 의미를 살려서 인기보다는 건강과 병에 대해서 공부해 보자.

건강선과 인기선

흔히, 건강선이 끊어져 있으면 소화기 계통의 병이 생길 징조라든가, 사슴 모양은 호흡기 계통의 병에 걸릴 징조라는 말을 하지만, 반드시 그렇지는 않다.

이 손금은 남에게 작용하는 에너지의 표시로, 남에게 호감을 살 수 있느냐를 나타나므로 혹자는 '인기선'이라고 하지만 아이러니하게도, 인기를 얻기 위해서는 자신의 건강을 해칠 수밖에 없기 때문에 인기와 건강은 동시에 얻기가 어렵다는 것을 입증한다 하겠다.

手相의 실제
(건강선)

건강선은 남의 호감을 사거나 존경받거나 인기를 모으는 것을 나타낸다고도 하고 생명선처럼 현재의 건강 상태나 질병을 나타내는 선이라고도 한다.

최고의 건강선. 많은 사람의 인기를 차지하는 표시로 유명인이 될 상. 선이 탄력이 있어 건강도 좋다고 본다.

긴 건강선

끊어진 건강선은 소화기 계통의 병이 생길 징조.

끊어진 건강선

탄력이 있어야 이상적이지만 외관상으로는 건강한 체질로 보인다.

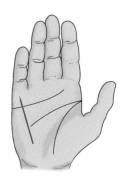

생명선을 가로지르는 건강선은
죽음을 암시한다고도 하지만
심장 · 혈관, 또는 위장 등이
약하다는 암시라고도 본다.

생명선을 가로질러
금성구로 들어가는 생명선은
역시 심장 · 혈관, 또는 위장
등이 약하다는 암시이다.

생명선에서 시작하는
건강선은 심장 · 혈관
계통이 약하다는
암시이다.

감정선에서 출발하여
생명선에 도착하는 건강선은
심장병의 발병을 암시하므로
주의를 요한다.

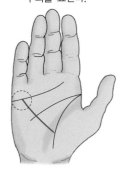

두뇌선에서 시작하는
건강선은 두통 등, 뇌와
관련되는 질환에
조심하라는 암시이다.

제2화성구에서 나오는
건강선은 뇌신경에 장해를
입을 가능성을 암시한다.

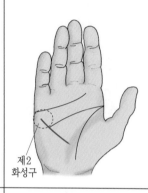

제2
화성구

감정선과 두뇌선을
연결하는 건강선은
뇌졸중이나 뇌막염을
예고하는 손금이다.

건강선의 끝부분이 두 갈래로
갈라지면 체질이 약해지거나
과도한 성행위로 인하여
무기력해짐을 암시한다.

건강선의 끝부분이 세 갈래로
갈라지면, 과도한 성행위로
인하여 체질이 약해지거나
무능력해짐을 암시한다.

평행하게 생명선 쪽으로
뻗은 건강선은 과식이나
불규칙한 식사 등으로 위장병
을 앓게 됨을 암시한다.

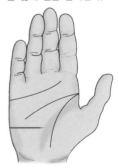

약손가락 아래쪽의 건강선에
생기는 별 문양은 심한 눈병에
걸리거나, 혹시 시력을 잃을
지도 모르니까 조심할 것.

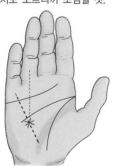

어릴 때부터 병앓이를
많이 한 사람의 손금으로,
위장의 병을 암시하는 표시.

감정선에 닿은 꼬여 있는
건강선은 호흡기가 약한
것을 암시하므로, 호흡기
계통의 질환에 주의하도록.

끊어진 건강선은 소화기
계통이 약한 것을 암시하므로,
위장병 등의 질환에
주의하도록.

선천적으로 몸이 약한
사람의 건강선인데, 소화기
계통이 나쁘고, 자주 두통도
생길 암시이다.

구불거리는 긴 건강선은
간이나 콩팥의 질환을
암시한다.

건강선 한가운데
눈 모양이 생기면
호흡기 계통이나 소화기
계통의 병을 암시한다.

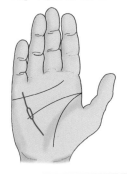

건강선에 생긴 눈 모양이
위쪽에 있으면 폐암·
후두암·중풍 등을
암시한다고 한다.

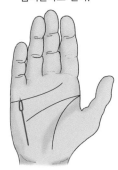

건강선에 생긴 눈 모양이
아래쪽에 있으면 폐결핵·
기관지염·늑막염 등을
암시한다고 한다.

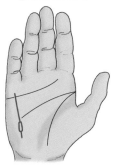

금성대 보는 법

금성대란 무엇인가?

이 손금은 특수 기능선이라고 하지만 보통 금성대라고 하며, 10명에 2명 정도에게 이 손금을 볼 수 있다고 한다.

금성대란 사랑의 여신인 비너스를 뜻한다고 한다. 그래서 그런지 금성대의 손금은 남녀의 사랑과 깊은 연관을 갖고 있다.

섹스와 관련된 금성대

금성대는 섹스의 면에서, 성적 감각이 예민한 호색적^{好色的}인 면을 나타내는 손금이라고 보고 있다.

그러나 이 손금은 정신적인 면이 강한 곳에 나타나기 때문에 물욕적인 저속한 섹스와는 구별된다고 한다. 때문에 금성대의 손금은 이성을 가지고 조심스럽게 행동하는 조숙한 사람에게 나타나는 것으로 풀이하고 있다.

여성과 금성대의 풀이

대체로 금성대의 손금을 가진 사람은 연애할 때 질투심과

독점력이 강하기 때문에 사랑하는 사람에 대한 집착도 남다르다고 한다. 특히 여성의 경우는 남자보다는 감각이 예민하기 때문에 사랑을 위하여 불륜도 무릅쓰는 대담함도 보인다고 한다.

특수 기능선을 금성대라고도 부른다

금성대는 뚜렷하고 끊어지지 않아야 이상적이므로, 이런 금성대를 가진 사람은 감수성이 풍부하고 감각이 뛰어나 예술가나 탤런트 등에게 많이 볼 수 있는 손금이다. 특수 기능선이라고 부르는 이유도 여기에 있다.

手相의 실제

(금성대)

금성대란 사랑의 여신인 비너스를 뜻한다고 한다. 그래서 그런지 금성대의 손금은 남녀의 사랑과 깊은 연관을 갖고 있다.

성적 감각이 예민하여 호색적인 사람으로 판단한다. 이성에 대한 흥미가 남다른 사람의 상이다.

성적 감각이 예민하여 호색적인 사람으로 판단한다. 이성에 대한 흥미가 앞의 손금보다 높다고 본다.

남자의 경우, 이성에 대한 변태적인 행위를 나타내는 상. 여자의 경우는 히스테리를 잘 부리는 사람으로 본다.

부드러운 마음과 감상적인
성격을 나타내는 상이다.
신경질적이고 욕정적인
성질도 있다고 판단한다.

왕성한 정욕을 나타내며,
음란한 것을 찾아 성취하려는
욕구가 강한 사람의 상.

금성대에 나타난
별 문양은, 지나치게
여색에 빠져 음탕한 짓을
함부로 하는 사람의 상.

이 손금은 이성에 대한
관심이 아주 강하지만
애정과 결혼 생활은
원만하지 못하다고 한다.

결혼선이
금성대를
지나감

금성대를 가로지르는
세로선은 변태적인 성적
성향을 나타내는 상이다.

결혼선과 붙은 금성대는,
변태적이며 변덕스럽고 신경질
적인 사람으로, 불우한 결혼
생활을 한다. 이혼을 암시.

이성에게는 상냥하고 친절한
사람이며, 자기 자신을 잘 컨트
롤할 수 있는 차분하고 현명한
사람의 손금이다.

이성에 대한 자신의
감정을 억누르지 못해
많은 이성과 교제를 하는
사람의 손금이다.

변덕스러운 성격의 소유자로서,
한 사람을 사랑하는 데 만족하
지 못하고 연인을 바꾸어
가며 사랑하는 정력가의 상.

결혼선 보는 법

결혼 연령 보는 법

약손가락 첫 마디와 감정선 사이의 중간이 남자 25살, 여자 22살의 위치이다.

결혼선이 그보다 위(손가락 쪽)에 있으면 결혼 시기는 그보다 빠르고, 아래에 있으면 늦어진다.

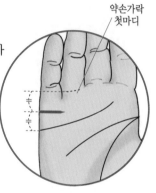

약손가락
첫마디

이상적인 결혼선이란?

가장 이상적인 결혼선은 새끼손가락과 약손가락 사이에 나타나는 곧은 가로선으로 본다. 매우 짧거나 너무 긴 결혼선이 나타나면 결혼 생활이 결코 행복하다고 볼 수가 없다.

결혼선은 애정선

행복한 결혼선은 뚜렷하고 곧아야 한다. 끊어진 자국이나 눈 모양, 그 외 여러 가지 장애가 있으면 결혼 생활이나 애정에도 파탄이 일어나는 암시로 본다.

결혼선이 전혀 나타나지 않는 사람은 이성에 대해서는 관심을 보이지 않는 사람으로, 독신으로 살 팔자를 가지고 있는지도 모른다.

하지만 결혼선은 정식 법률상 배우자를 나타내는 것이 아니라 동거나 내연 관계 등도 포함된다는 것을 알아야 한다.

곧게 뻗은 결혼선

뚜렷하고 곧은 손금은 멋진 상대와 행복한 결혼을 하게 되는 징표이다.

아래로 향한 결혼선

끝이 아래로 향해 있는 손금은, 성격이 맞지 않는 상대와 결혼할 징표이다.

흐트러져 있는 결혼선

흐트러져 있거나 끊어져 있는 손금은 결혼에 실패하기 쉽다는 것을 나타낸다.

手相의 실제

(결혼선)

행복한 결혼선은 뚜렷하고 곧아야 한다. 끊어진 자국이나 눈 모양, 그 외 여러 가지 장애가 있으면 결혼 생활이나 애정에도 파탄이 일어나는 암시로 본다.

이상적인 선으로, 결혼 생활과 가정이 모두 행복하다고 본다. 양쪽 손 모두가 똑같으면 확실하다고 볼 수 있다.

뚜렷하게 한 줄로 된 결혼선

손바닥 끝에 조금 보이는 손금은 결혼을 못한다고 본다. 약혼만 하든지, 잠시 동거를 하거나 짝사랑으로 끝날 상.

짧은 결혼선

매우 짧고 굵은 결혼선은, 좋은 배우자를 만나지 못하거나 깊은 사랑을 하지 못하는 고독한 결혼운을 나타낸다.

짧고 굵은 결혼선

긴 결혼선이지만 가늘어서
잘 보이지 않는 손금도 결혼을
못하거나 약혼만 하든지, 잠시
동거 정도를 할 상.

길고
가느다란
결혼선

수성구에 나란히 있는
두 줄의 뚜렷한 선은 일찍
결혼하면 재혼할 운을
암시한다.

뚜렷한
두 줄의
결혼선

손가락 쪽의 선이 굵으면,
결혼 전의 이성을 잊어
버리지 못하고 고민하는
것을 암시하는 상이다.

가까운
두 줄의
결혼선

감정선 쪽의 선이 굵으면,
결혼 후에 다른 이성이 생겨
배우자와의 사이에서 고민하는
것을 암시하는 상이다.

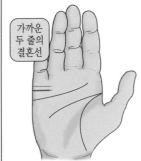

가까운
두 줄의
결혼선

바람기가 있는 사람은 마음이 여리고 따뜻하여 이성과의 관계를 쉽게 끊지 못한다. 삼각 관계이거나 재혼을 거듭할 상.

짧고 가느다란 여러 개의 결혼선은 바람기가 많은 사람임을 나타낸다. 결혼에는 그다지 관심이 없는 상이다.

뚜렷한 세 줄의 결혼선

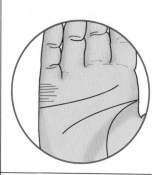

정력이 넘치며, 섹스에 빠지는 형이라서 한 사람의 남자만으로는 만족할 수 없는 상. 과부의 상이라고 한다.

섹스 분방형. 정력이 넘쳐 한 여자만으론 만족하지 못하기 때문에 독신으로 살면서 많은 여자와 즐기려는 상이다.

여자 손금

약손가락의 첫 마디까지
올라간 결혼선은 유명인이나
재물이 많은 배우자와 결혼하게
되는 것을 암시하는 상.

사랑하는 사람과 사별하는
것을 암시하는 불길한 상.
연인이나 배우자의 건강을
잘 보살피도록.

사회적으로는 성공을
하지만 배우자 서로가 가정을
돌보지 않고 회사와 친구만를
위해 헌신하는 상.

섹스에 탐닉하여, 상대를 자주
바꾸어 가며 즐기는 사람. 이런
손금은 동성 연애를 좋아하는
상이라고 한다.

이런 손금은, 어떤 이유로
배우자와 돌이킬 수 없는
감정적인 대립으로 인하여
이혼을 하게 될 운을 암시한다.

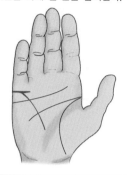

결혼선이 금성대의 한가운데로
지나면, 사랑 때문에 심한 질투
를 하게 되는 상으로, 의처증이
나 의부증이 의심된다.

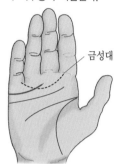

금성대

태양선의 끝에 붙은 결혼선은
행운의 결혼 운을 암시하는 상
으로, 여자의 경우는, 신데렐라
가 되는 길상의 손금이다.

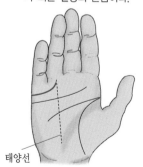

태양선

태양선을 가로지르는
결혼선은 사회적인 부와
지위 등을 잃어버리는
불행한 결혼을 암시한다.

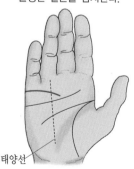

태양선

사랑하는 연인의 갑작스런
죽음을 암시하거나 또는 애정
문제로 이혼하게 되는
두 가지의 상을 암시한다.

이런 손금은 이혼의 상이다.
하지만 대개 늙어서 많이
나타나므로 신빙성은 없으나
혹시 나타나면 조심하도록.

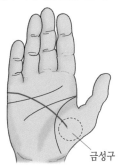

금성구

섹스에 강한 여성의 상.
남편이 허약하거나 병으로
일찍 죽는 여자에게 많이
볼 수 있는 손금이라고 한다.

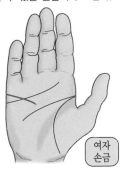

여자
손금

섹스에 강한 남편의 상.
한 여자만으로는 만족하지
못하는 정력이 강한 남자의
손금이라고 한다.

뚜렷한 두 줄의 결혼선이
태양선을 가로질러 교차하면
배우자와 두 번 사별할 것을
암시하는 상.

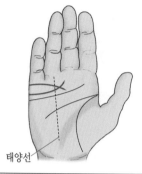

태양선

뚜렷한 두 줄의 결혼선이
태양선을 가로지르면 재혼을
하게 될 것을 암시하는 상.

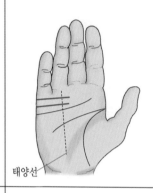

태양선

위쪽으로 향한 힘찬 선은,
행운이 뒤따르는 결혼의 상으로
사랑과 재물이 모두 넘치는
행복한 결혼을 암시한다.

아래쪽으로 힘없이 늘어진
가지선이 있으면 배우자가
싫어지거나 병약하여 힘든
부부 생활을 하게 됨을 암시.

결혼선에 세로로 잔금이 많이
있는 손금은, 아직 결혼 상대를
결정하지 못하여 정신적으로
고민하고 있음을 암시.

건강이 좋지 않음을
나타내거나 바람기가 있는
독신의 여자로서 결혼의
가망이 거의 없음을 암시한다.

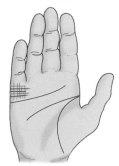

연상의 이성으로 인한
삼각 관계나 불륜의 관계로
애정이나 부부 관계가 곤란을
겪게 되는 상이다.

연하의 이성으로 인한
삼각 관계나 불륜의 관계로
애정이나 부부 관계가
곤란을 겪게 되는 상이다.

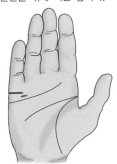

뚜렷한 결혼선이 끊어져 있으면 당연히 결혼 생활의 파탄을 암시한다고 볼 수 있다. 그 원인은 당사자들이 알고 있다.

뚜렷한 결혼선이 끊어져 중복되어 있으면, 어떤 사정으로 이혼하여 헤어져도 머지않아 재결합할 상이다.

이런 결혼선은 별거의 상. 갈라진 정도에 따라서 많이 벌어지면 이혼이나 이별을, 적으면 여행이나 출장 등을 암시.

결혼선이 손목 쪽으로 향하면 배우자가 마음에 들지 않는 상인데, 이 경우에는 이혼의 암시가 더욱 강하다.

결혼선의 시작이 두 갈래이면, 결혼 초기부터 원만한 생활을 하지 못했으나 이후에는 행복한 결혼 생활이 보장된다.

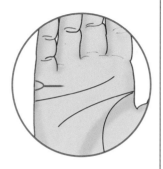

감정선과 닿은, 아래로 향한 결혼선의 가지선은 배우자나 연인과 사별하거나 헤어지는 것을 암시하는 상이다.

감정선

결혼선이 감정선과 가까우면 일찍 결혼하고, 멀리 떨어지면 늦게 결혼한다.

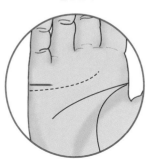

이런 사람은 차라리 결혼하지 않은 편이 좋다. 안락한 결혼 생활을 하지 못하고 항상 말썽 등을 일으킨다.

그물 모양의 결혼선

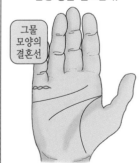

결혼선 끝에 있는 눈 모양은 배우자와의 사별 등, 병이나 말썽 등을 일으켜 헤어지는 것을 암시한다.

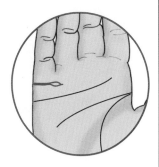

시작 부분이 눈 모양인 결혼선은, 어떤 문제 등으로 오랫동안 결혼을 못하였으나 결혼 후에는 안락한 생활을 암시.

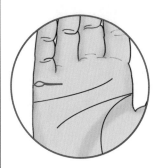

눈의 끝부분이 감정선에 닿아 있으면, 배우자나 연인이 불의의 사고로 갑자기 사망하게 되는 것을 암시하는 상.

구불거리는 결혼선이 약손가락 아래까지 뻗어 있는 사람은 대단한 정력가이므로 바람기가 많은 손금이라고 본다.

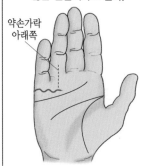

약손가락 아래쪽

결혼선이 끊어지면 이혼을
하게 되지만 끊어질 듯하다가
이어졌으면 머지않아 다시
재결합할 것을 암시한다.

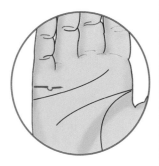

짧고 굵은 세로선이 결혼선을
막고 있으면 배우자가 갑자기
사망하거나, 또는 결혼하지
못한 중년 여성의 손금.

길게 감정선을 넘은 결혼선은,
한 사람만으로는 만족을 못하는
왕성한 정력가이므로 성욕을
풀지 않으면 몸을 해친다.

결혼선 끝부분의 십자 문양은,
배우자나 연인이 불의의
사고나 재난 등으로 갑자기
사망할 것을 암시한다.

결혼선 끝에 생기는 별 문양은
매우 좋은 상. 배우자를 잘
만나 일생 동안 평안하게 살게
되는 상이다. 자식 복도 있음.

똑바른 결혼선 위쪽에
생기는 십자 문양도 매우 좋은
상. 배우자의 덕분으로 원만한
사회 생활을 할 상.

감정선에 닿은 곳에 생긴
별 문양은 배우자가 병, 또는
사고를 당할 불길한 상. 평소에
건강 관리를 하면 예방된다.

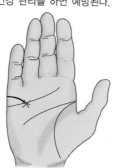

가족끼리 곤란을 겪게 되는 상,
배우자와의 갈등과 자녀들의
말썽 등이 생기므로
가족간의 대화가 필요하다.

부부가 이혼을 하든지
병으로 사망을 하든지,
어쨌든 별거를 할 상이다.

시부모나 시집의 가족·
친척들과의 사이가 나빠짐으
로써 남편과의 관계까지
악화되어 이혼하게 될 상이다.

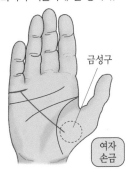

금성구

여자
손금

짧게 감정선을 지나가는
결혼선은 배우자가 어떤
이유로 일찍 사망하여
헤어지게 되는 상이다.

잠시 생활에 어려움이 있겠지
만 머지않아 행복하고 안락한
가정을 만들 수 있게 된다.
여자는 명사와 결혼할 상.

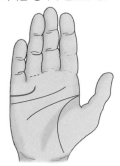

재혼을 할 가능성을 암시하지만
늦게 결혼하면 피할 수 있다.
양쪽 손에 똑같이 이런 선이
있다면 확률 100퍼센트.

아직 결혼할 의사가 없는
사람의 손금. 하지만 결혼하려
고 하는 의지가 생기면 굵은
결혼선이 생기게 될 것이다.

결혼 생활에 트러블이
있는 표시. 이혼이나 질병
등을 의미한다.

재물선 보는 법

재물선은 돈을 버는 운을 본다

  재물선은 돈을 버는 운을 나타내는데, 3대 선이나 태양선에 지배되므로 단독으로는 판단할 수 없다.

곧게 뻗은 재물선

똑바르고 힘이 있는 재물선은 큰 부자가 될 운세를 나타낸다.

끊어진 재물선

금전운이 없다는 것을 나타낸다. 돈이 들어와도 금방 나가 버린다.

자녀선 보는 법

자녀선은 자식의 운과 수를 본다

자녀선은 태어나는 자식의 운과 수를 알 수 있는 선인데, 이 선의 수를 보면 자식의 수를 알 수 있다고 한다.

자녀선은 결혼선과 새끼손가락 사이에 있으며, 주로 결혼선에 비해 가늘게 나타난다.

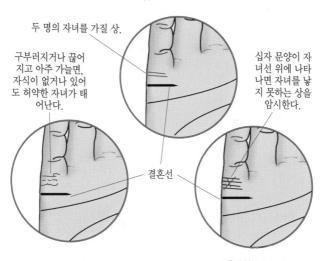

두 명의 자녀를 가질 상.

구부러지거나 끊어지고 아주 가늘면, 자식이 없거나 있어도 허약한 자녀가 태어난다.

십자 문양이 자녀선 위에 나타나면 자녀를 낳지 못하는 상을 암시한다.

결혼선

手相의 실제
(기타선)

다른 선에서 다루지 않은
손금이나 빠뜨린 손금에
대해서 소개를 하고 해설
을 한다.

한 줄 또는 두 줄의 굵은
가로선은 너무나 사랑했던
사람(배우자·연인)과 헤어진
고통의 자국이다.

호색의 상이며, 다정다감한
성격이 남녀 구별없이 좋은
인상을 남긴다. 애정에 굶주려
서 늘 사랑을 찾아다닌다.

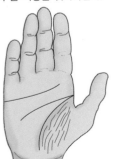

몹시 예민한 성격의 소유자로
서 주로 남자에게 많은 손금이
다. 다정다감하게 여자에게
접근하는 바람둥이의 상.

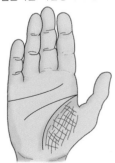

생명선과 두뇌선이 떨어져
있으면 오랫동안 사귀던 연인과
헤어질지도 모른다. 많은
노력이 필요하다.

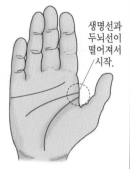

생명선과
두뇌선이
떨어져서
시작.

어떤 일이든 천재적인 소질을
발휘하지만 외곬의 성격 등이
단점이다. 사랑은 열렬하게
하는 타입의 상.

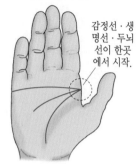

감정선 · 생
명선 · 두뇌
선이 한곳
에서 시작.

감정선이 끊어졌다가 이어져
있으면 이혼의 위험이 있지만
많은 시련 후에 이혼까지는
가지 않는다.

처음에는 어려웠으나
기회를 만나 자신의 재능을
발휘하여 인정을 받아 성공을
하게 되는 두뇌선의 모습.

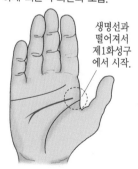

생명선과
떨어져서
제1화성구
에서 시작.

남녀 모두 왕성한 정력과
정신력 때문에 성적 본능도
강력하다. 이런 이중 감정선은
평범한 결혼 생활이 어렵다.

이중
감정선

옆의 손금과 같은 의미를
가지고 있다. 여성의 경우는
집안에 있지 못하고 사회활동
을 하는 직업 여성이 많다.

이중
감정선

뚜렷하고 단순한 막쥔
두뇌선은 좋지만, 꼬여 있으면
끓어오르는 정신적인 장해로
인해 많은 고뇌가 따른다.

강인한 결단력으로 목표에
도달하지만 남을 보살피지
않고 성공하여 말년에는
고독한 생활을 하게 된다.

쉽게 결혼하기 어려운 상.
결혼 전에 많은 우여곡절을
겪은 후에 결혼하게 된다.

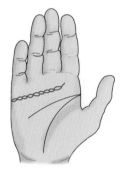

길상의 손금으로,
그 동안 힘들었던
운세가 반전되는
상이다.

손금 보는 법의 실제

30살 전에는 왼손, 그 이후에는 오른손을 본다

지금까지 수상手相 공부를 열심히 했다면 이제 수상을 볼 수 있을 것이다. 정리를 해 보기 위해, 실제로 예를 들어 설명해 보겠다. 여러분도 직접 점쳐 보자.

①생명선

뚜렷한 손금이지만 시작하는 점이 흐트러져 있는 것은 건강 상태가 좋지 않다는 것을 나타낸다. 그리고 절단선이 있어, 감기가 악화되어 큰 병이 들기도 한다.

②두뇌선

생명선에서 떨어져서 시작하고 있다. 마음이 약하면서도 허세를 부리거나 모험을 좋아하거나 한다. 머리는 좋은 편이지만 손금 끝이 약하고 탄력이 없는 것은 노력이 부족하다는 것을 나타낸다.

③감정선

아주 힘있게 뻗어 있지만, 시작점이 복잡한 것은 유달리 지기 싫어하는 기질 때문이다. 또, 가지선이 위쪽으로 향해 있는 것은 감정적으로 고집이 세며, 게다가 신경질적임을 나타내고 있다.

④금성대

훌륭한 손금이므로, 노력하게 되면 능력을 펼칠 수 있다.

⑤운명선

곧게 뻗으려 하고 있다. 노력 이상의 행운을 얻거나, 의외의 도움을 받거나 한다.

⑥건강선

손금이 뚜렷하므로 좋은 친구를 사귀게 되고, 늘 남을 기쁘게 해 준다.

⑦결혼선

행복한 가정을 이룰 좋은 손금이다.

■종합 판단

때때로 경박한 행동을 하지만, 그것이 오히려 남에게 호감을 주게 되어, 이득이 되는 성품이다. 그리고 전체적으로 상향 운세이다. 그러나 몸이 약한 탓과 노력이 부족한 탓으로 천부의 소질을 펴지 못하기 때문에 그 운세를 살릴 수 없다.

약간 거만한 성격을 억제하고 노력한다면, 자신이 생각하고 있는 이상의 성공을 거둘 수 있다. 그리고 건강 관리에 좀더 신경을 써야겠다.

가수 · 탤런트의 손금

탤런트

　탤런트가 될 수 있는 손금의 포인트는 건강선이다. 다음 손금처럼 건강선이 좋으면 탤런트가 될 소질이 충분하다.

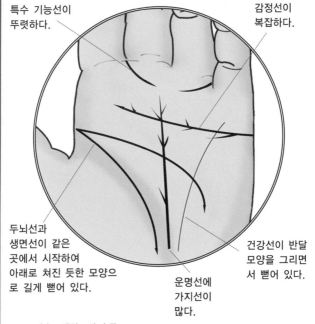

특수 기능선이
뚜렷하다.

감정선이
복잡하다.

두뇌선과
생면선이 같은
곳에서 시작하여
아래로 쳐진 듯한 모양으
로 길게 뻗어 있다.

운명선에
가지선이
많다.

건강선이 반달
모양을 그리면
서 뻗어 있다.

스포츠맨의 손금

스포츠맨

야구나 복싱 등의 프로 스포츠맨이나 마라톤·유도 등의
아마추어 스포츠맨 등, 뛰어난 선수가 될 수 있는 손금의 포
인트는 두뇌선과 생명선이다.

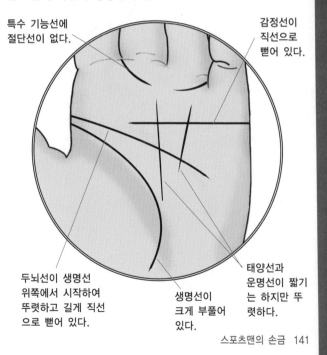

특수 기능선에
절단선이 없다.

감정선이
직선으로
뻗어 있다.

두뇌선이 생명선
위쪽에서 시작하여
뚜렷하고 길게 직선
으로 뻗어 있다.

생명선이
크게 부풀어
있다.

태양선과
운명선이 짧기
는 하지만 뚜
렷하다.

의사의 손금

의 사

의사가 될 수 있는 손금의 포인트는 두뇌선·감정선·운명선·태양선의 4가지 손금이 아래 손금처럼 깨끗하게 뻗어 있는 것이 포인트이다. 이것은 천재형 손금이라 할 수 있다.

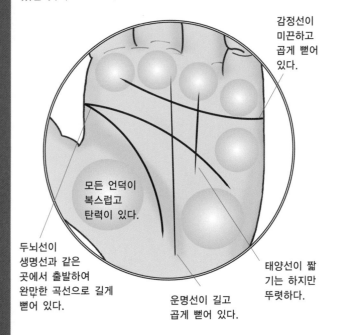

감정선이
미끈하고
곱게 뻗어
있다.

모든 언덕이
복스럽고
탄력이 있다.

두뇌선이
생명선과 같은
곳에서 출발하여
완만한 곡선으로 길게
뻗어 있다.

운명선이 길고
곱게 뻗어 있다.

태양선이 짧기는 하지만
뚜렷하다.

실업가의 손금

실업가

실업가나 부자가 될 수 있는 수상의 포인트는 두뇌선과 운명선이다. 이 2개의 손금이 아래와 같고, 재물선이 다음 그림과 같은 특징을 갖추고 있다면 당신은 미래에 억만 장자가 될 것이다.

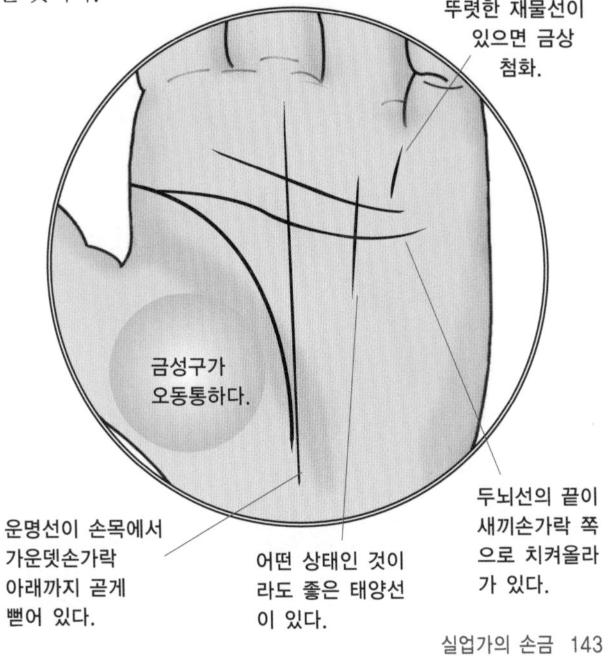

뚜렷한 재물선이
있으면 금상
첨화.

금성구가
오동통하다.

운명선이 손목에서
가운뎃손가락
아래까지 곧게
뻗어 있다.

어떤 상태인 것이
라도 좋은 태양선
이 있다.

두뇌선의 끝이
새끼손가락 쪽
으로 치켜올라
가 있다.

예술가의 손금

예술가

예술가가 될 수 있는 손금의 포인트는 두뇌선과 목성구 · 토성구 · 태양구의 3언덕이 아래와 같은 특징을 갖추고 있어야 한다. 이것만으로도 예술가의 재능은 충분하다.

목성구 · 토성구 · 태양구가 복스럽게 부풀어 있다.

감정선이 복잡하다.

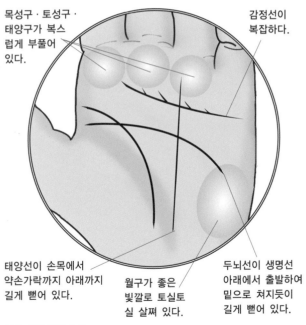

태양선이 손목에서 약손가락까지 아래까지 길게 뻗어 있다.

월구가 좋은 빛깔로 토실토실 살쪄 있다.

두뇌선이 생명선 아래에서 출발하여 밑으로 쳐지듯이 길게 뻗어 있다.

발명가의 손금

발명가

발명가는 상상력이 풍부하지 않으면 안 된다. 따라서 두뇌선과 월구가 아래와 같은 특징을 갖추고 있어야 한다. 또한, 그 상상을 현실과 결부시켜야 하므로, 운명선과 태양선도 중요하다.

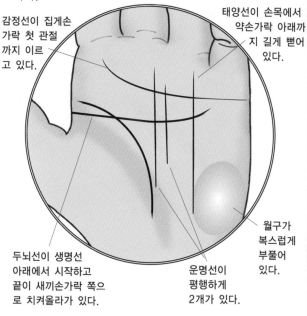

감정선이 집게손가락 첫 관절까지 이르고 있다.

태양선이 손목에서 약손가락 아래까지 길게 뻗어 있다.

두뇌선이 생명선 아래에서 시작하고 끝이 새끼손가락 쪽으로 치켜올라가 있다.

운명선이 평행하게 2개가 있다.

월구가 복스럽게 부풀어 있다.

장사꾼의 손금

장사꾼

장사꾼이 될 수 있는 손금의 포인트는 두뇌선이다. 두뇌선 끝이 새끼손가락 쪽으로 치켜올라가는 것이 좋은데, 아래 손금처럼 가지선이 치켜올라간 사람은 상술에 뛰어나다.

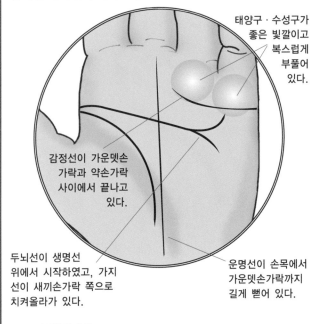

태양구 · 수성구가 좋은 빛깔이고 복스럽게 부풀어 있다.

감정선이 가운뎃손가락과 약손가락 사이에서 끝나고 있다.

두뇌선이 생명선 위에서 시작하였고, 가지선이 새끼손가락 쪽으로 치켜올라가 있다.

운명선이 손목에서 가운뎃손가락까지 길게 뻗어 있다.

손의
모양으로
보는 법

엄지손가락 으로 보는 상

엄지손가락이 길면 지도력이 있다고 한다. 또는 구두쇠인가 돈을 헤프게 쓰는가를 알려면 그 사람의 엄지손가락을 보면 알 수 있다고 한다.

뒤로 많이 젖혀질수록 더욱 낭비가라고 한다. 상습 도박꾼이나 노름을 좋아하는 사람들의 손가락 모양.

엄지손가락 이 뒤로 젖 혀지는 손

고집이 세다. 성공은 하겠지만 너무 자기 위주로 하다가 실패하기 쉽다.

끝이 굵은 엄지손가락

의지가 약하여 모든 일에 주관적으로 하지 못하고 남의 말에 마음이 잘 바뀐다. 지도자로서는 부적격하다.

끝이 가는 엄지손가락

자기 자신을 잘 조절하여
모든 일에 신용을 잃지
않고 책임을 다하는
착실한 사람이다.

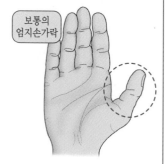

보통의
엄지손가락

의지와 정신력이 아주 강해서
감정 조절을 잘하며, 고집이 세
다. 완벽한 모습 때문에 쉽게
접근하기 힘들어 보인다.

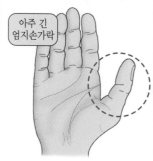

아주 긴
엄지손가락

의지가 약하여 소극적이며,
주관이 없어서 매사가 우유부단
하다. 엄지손가락이 짧을수록
더욱 심하다.

아주 짧은
엄지손가락

이 곳의 살집이 두툼하고
빛깔이 좋으면 좋은 상인데,
듬직하게 느껴지면 체력과
정력이 좋은 사람이다.

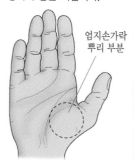

엄지손가락
뿌리 부분

손을 펼 때 그 사람의
손 모양을 보고 얼마나 돈을 잘
쓰는가를 본다. 이 손은 보통
사람의 모양이다.

보통
사람의
손

손을 자연스럽게 펼 때
엄지손가락이 쫙 펴지는
손은 낭비가 심한
사람으로 판단한다.

낭비가의
손

엄지손가락을 집게손가락
옆에 바짝 붙이는 손은
구두쇠라고 판단한다.

구두쇠의
손

손의 크기로 보는 상

손이 큰 사람·작은 사람
·손가락이 긴 사람·손가
락이 짧은 사람 등, 모두
나름대로의
상을 보자.

손이 큰 사람은 성격이 밝고
사교성이 있으며 자상하다고
한다. 손가락의 마디가 굵은
사람은 끈기가 강함.

큰 손

손이 작은 사람은 대체적으로
대담하다고 한다. 사업가나
지도자의 손이다. 나폴레옹과
히틀러의 손도 작았다고 한다.

작은 손

여자의 경우에는 신경질적인
성격을 나타낸다. 대체로 변덕
이 많고 민감하고 질투를 잘
하여 그다지 인기가 없다.

손가락이
긴 손

어떤 일이든 깊이 생각하지 않고 무턱대고 덤벼들지만 사교적인 성격이다. 정서가 부족하므로 노력을 요하는 상.

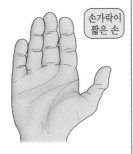

손가락이 짧은 손

손톱으로
보는 건강

손톱은 몸의 영양과 관계가 있으므로 손톱의 상황으로 건강을 확인해 볼 수 있다.

호흡기 계통이나 자율신경이 약한 체질이라고 판단한다. 민감하고 까다로운 성격의 소유자이다.

긴 손톱

허약한 체질의 소유자가 많으며, 척추나 신경 계통의 질병에 걸리기 쉽다고 한다.

좁은 손톱

너무 부지런하여 일을 많이 하다가 병에 걸리기 쉽다. 심장병이나 순환기 계통의 질병에 걸리기 쉽다고 한다.

짧은 손톱

이런 모양의 손톱의
소유자는 소화기 계통이나
간장이 약하다고 한다.

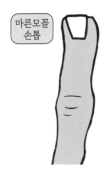

마른모꼴
손톱

세로줄이 많이 나 있는
사람은 신경이 몹시 예민하여
피곤해 있기 때문이다.

세로줄이
있는
손톱

담배나 술, 또는 커피나
매운 음식 등, 자극적인
음식을 많이 먹는 사람에게
가끔 나타난다.

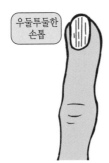

우둘투둘한
손톱

몸 속에 기생충이 있거나
칼슘 부족이 원인이므로
구충약을 복용하거나 칼슘을
충분히 섭취하도록.

끝이
부러진
손톱

결핵이 의심되며, 손톱이 보라
색으로 변하면 중증일 가능성이
있다. 물욕과 질투심이 많고,
성격이 원만하지 못하다.

이런 손톱은 유전병,
알코올 중독, 심장·척추 질환,
류머티스에 걸리기
쉽다고 한다.

튀어나온
손톱

들어간
손톱

높이 2~4밀리
미터이면 건강
한 사람으로
판단한다.

반달이 없어도 건강한
사람이 많지만, 대개 속
이 차갑고 쉽게 피로해지
는 체질이다. 대식가도
반달이 없다고 한다.

손톱의 반달 모양이
너무 넓으면, 나이가
들어서 혈압으로 고생
을 할 것으로 판단
하므로 주의할 것.

반달이
정상인
손톱

반달이
없는
손톱

반달이
너무 넓은
손톱

손가락으로 보는 상

- ● 새끼손가락이 긴 여성은 자식복이 있다고 한다.
- ● 가운뎃손가락이 아주 긴 남자는 여자 관계가 복잡하다.
- ● 가운뎃손가락이 짧으면 끈기가 부족하다고 한다.
- ● 약손가락이 아주 길면 예술적인 재능이 있다고 한다.
- ● 집게손가락이 긴 사람은 야심과 지배욕이 강하다.
- ● 엄지손가락이 길면 지도력이 있다고 한다.
- ● 엄지손가락이 길고 납작한 사람은 예술적 재능이 있다.
- ● 엄지손가락이 납작한 사람은 몹시 신경질적이라고 한다.
- ● 새끼손가락이 부실하면 성적으로 미성숙한 여성이다.

고지식하게 정상적으로 살아가는 사람으로, 착실하게 돈을 모으는 사람. 경리 일을 맡기면 안심할 수 있다.

뛰어난 기획력으로 돈 버는 데 탁월한 능력을 발휘한다. 일도 정력적으로 하므로 성공한 사람이 많다.

보통의 손가락

주걱형 손가락

호감을 주는 형. 소비하는 것을 좋아하며. 주로 여성에게 볼 수 있다. 끈기가 없어서 무슨 일이든 싫증을 잘 낸다.

끝이
가는
손가락

대체적으로 재운이 없는 상으로 판단을 하는데, 남과 경쟁을 하거나 적극적으로 돈을 벌려고 하지 않는다.

울퉁불퉁한
손가락

손목으로 보는 상

손목의 선으로 자식의 운을 보지만 금성구가 토실토실해야 하며, 새끼손가락이 유난히 길어야 자식 운이 좋다고 한다.

손목의 주름이 갈매기 모양이면 남녀 모두 다 정력이 약해서 자식을 생산할 능력이 없다고 본다.

손목의 주름이 평행하게 몇 개 보이면 남녀 모두 정력이 좋아서 불임 걱정은 하지 않아도 된다.

이런 사람은 인복이 있는 상으로, 특히 보좌역을 잘 두어서 어려운 일을 잘 타개할 수 있다고 한다.

관골이 많이 튀어나온 사람

■ 주요 참고 문헌

《ずばり手相術》石川活司著 池田書店刊
《五味手相敎室》五味康祐著 光文社刊
《うらない入門》吉野朝夫著 小學館刊
《手相術》淺野八郎著 光文社刊
《繪とき手相占い》淺野八郎著 池田書店刊
《재미있는 여행손금》 윤명중著 동학사刊
《정통손금사전》 사와이 타미조著 동학사刊
《변하는 손금 바뀌는 운명》襄聖鉉著 동반인刊

백운학의 스피드
손금 도감

펴낸이/이홍식
지은이/백운학
발행처/도서출판 지식서관
등록/1990.11.21 제96호
주소/경기도 고양시 덕양구 고양동 31-38
전화/(031)969-9311(대)
팩시밀리/(031)969-9313
e-mail/jisiksa@hanmail.net

초판 1쇄 발행일/2004년 5월 20일
초판 15쇄 발행일/2020년 2월 1일
개정판 1쇄 발행일/2025년 6월 1일

백운학 선생
본명 김정태(金定泰)
아호 백운학
예명 패인학인(覇量學人)

15세에 조실 부(父)하고 16세에 도인을 만나 사주 · 관상 · 수상 · 주역 · 성명 등 특수비법을 배웠고, 의과대학에서 침구학을 저술한 안정상 선생을 만나 침구학과 한의학을 전수받고, 16세에서 시작하여 오늘날까지 오직 외길 인생 철학공부만 전념하여 지방각지에서 한 때 가는 곳마다 상담하는 분이 인산인해를 이뤘으며 자해비전 사주대관서에 성명학은 국내 제일인자로 소개되었고 KBS, MBC, 교통방송 등에 출연하였다.

● SBS 방송국 《홍방불패》 2002년 11월부터 2003년 10월까지 만 1년간출연
● 표창장과 감사장
　1993년 3월 7일 한국서화작가협회 회장 최영철
　1972년 9월 11일 제2차 세계예언자대회 국제예상과학협회장 천야입랑
　1995년 1996년 5월 12일 전국싸이클연합회 최우수 선수상 회장 이소환
　1985년 대통령하사기 쟁탈 전국 사회인 체육대회 장수부 1등 금상 수상

● 약력
　1969년 12월 31일 : 한국역술인협회 영등포지부 이사
　1970년 4월 6일 : 역술인연합회 중앙상무위원
　1979년 9월 1일 : 한국역술인협회 중앙고문
　1985년 1월 30일 : 한국역술인 수원지부 고문